铁路红色基因

中国国家铁路集团有限公司党组宣传部

中国铁道出版社有限公司
CHINA RAILWAY PUBLISHING HOUSE CO., LTD.

图书在版编目（CIP）数据

铁路红色基因 / 中国国家铁路集团有限公司党组宣传部编著 . — 北京 : 中国铁道出版社有限公司 , 2021.3（2022.5重印）
ISBN 978-7-113-27769-7

Ⅰ. ①铁…　Ⅱ. ①中…　Ⅲ. 铁路企业 – 思想政治教育 – 中国　Ⅳ . ① D412.62

中国版本图书馆 CIP 数据核字（2021）第 034401 号

书　　名：铁路红色基因
作　　者：中国国家铁路集团有限公司党组宣传部

责任编辑：陈若伟　郑媛媛　　　　**电话：**（010）51873179
编辑助理：王　鑫
封面设计：郑春鹏
版式设计：郑春鹏　崔丽芳　刘　莎
责任校对：孙　玫
责任印制：赵星辰

出版发行：中国铁道出版社有限公司（100054，北京市西城区右安门西街 8 号）
印　　刷：北京柏力行彩印有限公司
版　　次：2021 年 3 月第 1 版　2022 年 5 月第 7 次印刷
开　　本：700 mm×1 000 mm　1/16　印张：17.5　字数：260 千
书　　号：ISBN 978-7-113-27769-7
定　　价：28.00 元

前言

2021年，中国共产党迎来百年华诞。从建党的开天辟地，到新中国成立的改天换地，到改革开放的翻天覆地，再到党的十八大以来党和国家事业取得历史性成就、发生历史性变革，中国共产党带领中国人民砥砺奋进、从胜利走向胜利。

在庆祝中国共产党成立100周年之际，广泛生动讲好铁路人听党话、跟党走的奋斗故事，大力传承和发扬好铁路红色基因和优良传统，对于铁路系统广大党员和干部职工深入贯彻落实习近平总书记重要指示批示精神，深入学习党史、新中国史、改革开放史、社会主义发展史，进一步增强“四个意识”、坚定“四个自信”、做到“两个维护”具有重要意义。

铁路是中国共产党领导中国工人阶级登上政治舞台的最早发源地之一。随着不同时期党的使命任务不同，广大铁路人响应党的号召，听从党的指挥，在革命、建设、改革发展实践中形成了以“人民铁路为人民”为核心的伟大铁路精神谱系，其中，“二七”精神、“毛泽东号”精神、“铁牛号”精神、小东精神、福生庄精神、成昆精神、“158”精神、巴山精神、大秦重载精神、青藏铁路精神，最具时代性、先进性、代表性。这些伟大精神，熔铸了铁路人始终听党话、永远跟党走的红色基因，一直牢牢印在中国铁路历史深处，并深深融入改革发展时代脉动之中。

百年征程波澜壮阔，百年初心历久弥坚。回顾历史，可以启迪当下，也可以引领未来。让我们从中国铁路百年发展历程中汲取精神力量，让“始终听党话，永远跟党走”“人民铁路为人民”薪火相传，以永不懈怠的精神状态和一往无前的奋斗姿态，勇担交通强国铁路先行历史使命，推动新时代中国铁路实现高质量发展，在建设社会主义现代化国家的新征程中作出更大贡献。

在党的百年华诞之际，我们将各个不同时期形成的具有鲜明时代特色和代表性的铁路精神编撰成册，希望以此展现党领导下的中国铁路走过的光辉历程、取得的突出成就，使其中与生俱来、历久弥坚的红色基因在铁路改革发展新征程中代代相传。

编　者

2021 年 3 月

目录

01

铁路红色基因

第 一 讲

“二七”精神

京汉铁路工人铸就不朽丰碑

中国工人阶级登上历史舞台

1923 年 2 月爆发的京汉铁路工人大罢工（又称二七大罢工），是中国共产党领导中国工人阶级开展的第一次声势浩大的有组织的伟大政治斗争，在这场反帝反封建的革命风暴中，52 名革命志士不幸遇难。这是一场凝重而悲壮的斗争，它凝聚了全国劳苦大众的心声，荡涤着腐朽没落的帝国主义和封建军阀当局，用鲜血和生命在历史的丰碑上刻下光辉灿烂的篇章，留下宝贵的“二七”精神亘古常青，不断激励和启迪后人。

扫一扫，收看慕课

二七大罢工，是五四运动后中国工人阶级正式登上政治舞台的一次伟大斗争，它将中国共产党领导的中国工人运动第一次高潮推向了顶点，扩大了作为工人阶级先锋队的中国共产党在全国的政治影响，也进一步唤醒了中国人民，在中国革命史、中国工人运动史上写下了光辉的一页。

★“二七”精神的历史渊源

任何一个重大历史事件的发生，都有着深刻的历史背景，是当时国内政治、经济、文化、社会等方面历史条件和世界形势发展相互作用的结果。

帝国主义列强盘踞四方，军阀混战不已。1840年鸦片战争以后，帝国主义列强纷纷在中国强行划分势力范围，攫取在中国驻军队、设银行、开矿山、修铁路等特权。1842年的《南京条约》，标志着中国开始沦为半殖民地半封建社会；1895年的《马关条约》，标志着中国进一步沦为半殖民地半封建社会；1901年的《辛丑条

1923 年 2 月 1 日，京汉铁路总工会在郑州成立时的代表合影

约》，标志着中国完全沦为半殖民地半封建社会。帝国主义在中国设租界、开辟通商口岸，从此改变了中国的社会进程。

铁路产业工人备受压迫，生活水深火热。当时的铁路，是帝国主义掠夺中国资源的工具，是军阀争霸割据的武器，是买办官僚的吸血管。自北京到汉口的京汉铁路，全长 1200 多公里，于 1906 年建成通车。自从有了铁路，铁路产业工人就受到帝国主义和封建军阀深重的经济剥削和政治压迫，大批失去土地的农民和破产的手工业者背井离乡，流入城市，而他们是京汉铁路工人的主要组成部分。反动军阀勾结帝国主义，血腥镇压罢工工人。在那绵绵铁路线上，诉不尽的，是劳工们悲惨凄苦的生活。

世界革命运动高潮迭起，中国工人阶级觉醒。1917 年俄国十月革命，在最短时间内从资产阶级民主革命转变成无产阶级社会主义革命，建立了社会主义制度的国家，推动了国际社会主义运动的发展，鼓舞了全世界劳动群众的精神——1918 年芬兰发生工人革命，同年 11 月奥地利和德国发生革命，1920 年土耳其发生民族革命，等等。与此同时，各国的罢工运动，更是蓬勃兴起，多得不可胜计。英国自 1918 年到 1921 年四年之内，发生罢工多达四千余次，参加人数达到五六百万。中国工人运动就是在这个世界革命时期发展起来的，中国的工人群众被这种潮流惊醒了。

中国工人运动风起云涌。1921 年，中国共产党成立。甫一成立，便与中国工人阶级紧密地联系在一起，扛起领导中国工人运动的重任。中国工人运动是马克思主义和工人阶级相结合的典范。1922 年 8 月 24 日，邓中夏、史文彬等共产党员领导的长辛店机厂工人大罢工取得胜利，创造了中国工人运动的第一次高潮。1923 年 2 月 4 日，郑州铁路工人领袖高斌拉响了二七大罢工的第一声汽笛，3 个小时之内，南到江岸，北至长辛店，京汉铁路全线 3 万多名工人实行总同盟大罢工。2 月 7 日，反动军阀对手无寸铁的工人进行了血腥屠杀，制造了骇人听闻的二七惨案。英勇牺牲的烈士们，用生命和鲜血进一步唤醒了中国人民，使他们更明确地认识到帝国主义和封建军阀是中国各族人民不共戴天的敌人，必须与之斗争到底。二七大罢工是中国共产党领导的第一次工人运动高潮的顶点，昭示着工人阶级由马克思主义理论武装，开始作为一支独立的政治力量登上历史舞台。

二七大罢工，充分显示了中国工人阶级坚定的革命性、坚强的战斗力和大无畏的气概，同时也孕育出了英勇、团结、牺牲、奉献的“二七”精神。

★“二七”精神的内涵

☆坚定听党话跟党走的革命无畏精神

1921 年 1 月 1 日，李大钊、邓中夏等具有共产主义进步思想的知识分子，在京汉铁路沿线长辛店创办了中国第一所向工人阶级传播马克思主义的学校——长辛店劳动补习学校。此后，郑州、江岸也创办了工人夜校。毛主席曾这样评价：中国工人运动还是从长辛店铁路工厂开始的。

1921 年 7 月中国共产党诞生后，一批进步工人迅速成长，铁路工人成为我们党反帝反封建斗争的重要依靠力量。二七大罢工革命斗争开启了工人阶级政治斗争的新纪元，工人阶级把矛头直指帝国

↑ “二七”烈士纪念碑旁的花岗石雕塑群

主义和封建军阀，一举揭穿了军阀吴佩孚“保护劳工”的假面具，从自发的自卫斗争进入有意识有组织的经济斗争和政治斗争相结合的新时期。历史事实表明，中国共产党是这次大罢工的发动者、领导者、先锋队和作战部。

党有号召，铁路工人有行动。在这次罢工斗争中，京汉铁路为数不多的共产党员，实现了党对工人运动的领导，在发出全路总同盟罢工的密令后，全路3万多名工人全部罢工，坚决执行“没有总工会的命令决不上工”的纪律，捍卫工人阶级和人民群众的政治权利，共产党员表现出叱咤风云的革命气魄和同敌人血战到底的革命献身精神，发挥了极为卓越的先锋模范作用，成为罢工斗争中的骨干核心力量。

总之，在这次政治罢工斗争中，京汉铁路工人以坚决彻底的伟大革命精神表明，中国工人阶级不仅是民主革命的先锋，而且是当之无愧的领导力量，并以铁的事实宣告中国共产党是真正的工人阶级的政党。二七大罢工是中国工人阶级与工会跟党走的历史典范。铁路工人听党话、跟党走的传统从建党初期就已经开始。

☆英勇顽强不怕牺牲的革命斗争精神

最初在得知吴佩孚禁止总工会开会时，全体代表就表示“坚持斗争如期开会”；在代表前往会场被反动军警包围时，他们“奋勇拼死冲开阵线，拥入会场”，宣布京汉铁路总工会正式成立。

二七大罢工的汽笛拉响后，京汉铁路3万多名工人甘冒生命危险团结战斗，不到3小时，千里京汉线如同断了脊骨的长蛇，僵死在由南到北的中国大地上……林祥谦、施洋、高斌等52名同志牺牲，二七惨案震惊中外。

二七惨案发生后，全国工人运动暂时转入低潮。但京汉铁路工人在党的领导下没有退却，他们擦干身上的血迹，踏着烈士的脚印，继续斗争。1925年2月7日，全国铁路总工会第二次代表大会在郑州召开。与此同时，京汉铁路总工会宣布恢复。京汉铁路郑州分工会恢复后，在继高斌烈士之后，汪胜友被推选为郑州分工会委员长，司文德被推选为工务处工人总代表。

在中国共产党的推动和帮助下，1926年7月，国民革命军北伐。为了配合北伐军打败吴佩孚，汪胜友和司文德等组织了秘密工会小组，经常在夜间到郑州至新郑的铁路线上，卸掉连接钢轨的夹板，致使列车脱轨，中断敌人交通运输；割断电线，造成铁路指挥瘫痪。

↑ 武汉二七纪念馆内的烈士墙

同年9月17日，吴佩孚败退郑州后，对郑州铁路工人下了毒手，接连发出6次严查“赤化”的布告，到处缉捕工人。

1926年10月6日，汪胜友、司文德不幸被逮捕，被带到伪十四师军法处关押。面对敌人的威胁利诱和严刑拷打，汪胜友和司文德两位工人阶级的无畏战士，大义凛然，坚贞不屈，痛斥军阀，视死如归。

“二七”死难烈士不避艰险、不怕牺牲的革命精神，堪称万世楷模。他们手无寸铁，面对强大的敌人，高喊“打倒帝国主义，打倒封建军阀”的口号，拼死为“争自由”“争人权”而战，徒手与全副武装的敌人搏战多时而不退，此情此景，永远为后世所景仰。当时流传的一首诗讲得好：“军阀手中铁，工人颈上血，头可断，肢可裂，奋斗精神不可灭！”

二七大罢工中牺牲的英烈，都是中国工人阶级与知识分子的优秀代表，他们带领铁路工人多次与帝国主义、反动军阀进行斗争，直至牺牲，表现出了中国工人阶级的英雄气概和不怕流血牺牲、不屈服于武力的斗争精神。他们用自己宝贵的生命诠释了中国共产党的先锋队性质，用身先士卒的行动充分展示了共产党员本色。

☆纪律严明艰苦奋斗的革命团结精神

京汉铁路全体工人在罢工委员会的领导下，一切行动听指挥，没有总工会命令不上工，充分表现了工人阶级的坚强革命意志和坚如磐石的组织纪律性。

京汉铁路总工会举行全路总同盟罢工的密令发出后，全路3万多名工人全部罢工，全路客车货车一律停运，京汉铁路陷入瘫痪。罢工期间，工人们秩序严整，坚决执行“没有总工会的命令决不上工”的纪律。当反动军警把京汉铁路总工会江岸分会委员长、共产党员林祥谦绑在江岸车站站台的木桩上，举刀砍向他，以死威胁、逼迫复工时，他斩钉截铁地说：“上工要总工会下命令。我头可断，血可流，工不可复！”“听总工会的命令”这句口号，从北京至江岸全路工人一律遵守。在大罢工期间，京汉铁路工人所争取的不仅仅是本阶级的利益，更是为了争取全国劳苦大众的自由和人权，他们不惜用生命和鲜血来贯彻执行团结战斗的宗旨，既注意全路工人阶级的团结一致，又与各地无产阶级相互支持。比如，二七惨案发生后，津浦、粤汉、道清等各路工人及武汉、北京、上海等地的工团、学生以及海外华侨都作出罢工决议，声援京汉铁路工人的斗争。无产阶级的共同利益把全国的无产阶级联合在一起，团结战斗，生死与共。

☆披荆斩棘敢为人先的革命奉献精神

中国共产党第二次全国代表大会指出，不仅内部必须有适应于革命的政治和训练，而且“党的一切运动都必须深入到广大群众里面去”。中国共产党领导、教育并初步以工会的形式组织起来的工人阶级，在这场血与火的斗争中，表现出了空前的英勇顽强，撼天动地，他们用自己的鲜血和生命捍卫工人的尊严和价值。

二七大罢工虽然失败了，但斗争在继续。“他们擦干净身上的血迹，掩埋好同志的尸首”，继续进行着隐蔽的、公开的、流血的、不流血的、武装的、和平的斗争。各地铁路，武汉、长沙、北京、上海和广州等地各工团、学生会和学生联合会等各界群众组织，纷纷发表援电和宣言，举行大规模的游行示威，召开“二七”烈士追悼大会。同时，全国各地报刊都冒着被查封的危险，大量报道了二七惨案的经过和群众斗争的信息。罢工虽然失败了，但是烈士的鲜血不会白流，李大钊说，“二七”死难烈士埋下了第二次革命的种子，将来不久是要爆发的。果然，二七惨案让工人阶级更加团结、更加发奋，战斗的种子撒遍了全国。就在一年之后，1924 年 2 月 7 日全国铁路总工会成立；两年之后，京汉铁路总工会也得到了恢复。

二七大罢工，也促进了国共第一次合作。孙中山从二七革命斗争中看到了工人阶级和中国共产党的伟大力量，1924 年 1 月，中

↑ 反映二七大罢工的绘画作品

国国民党第一次全国代表大会接受了中国共产党提出的反帝反封建的政治主张，确定了“联俄、联共、扶助农工”的三大政策，推动了以工农群众为主体的大革命风暴，给帝国主义和封建势力以沉重的打击。特别值得一提的是，二七革命斗争对共产国际产生了巨大影响，使他们改变了对中国无产阶级及其政党的看法。

二七大罢工虽然在帝国主义和封建军阀的残酷镇压下失败了，但是，它的经验和教训为中国革命留下了宝贵的财富，激励着一代又一代中国人，前赴后继，勇往直前，从胜利走向胜利。

二七革命斗争是一个人民自觉地要求自由、要求权利的运动，是直接与军阀斗争不妥协的运动，这种敢冒风险敢为天下先的英雄本色，披荆斩棘开拓进取的革命精神，传至万世而不惑。敢冒风险，敢试验，敢闯敢干，在各个历史时期，中国铁路始终担负着开路先锋和先行官的重任，铁路产业大军的血脉中始终流淌着最听党的话、永远跟党走、特别能吃苦、特别能战斗、特别讲奉献的光荣传统和红色基因。

★传承和弘扬“二七”精神的现实意义

学史明理，知古鉴今。二七大罢工已经过去98年了，它留下的经验和教训加速了中国革命走向成熟的进程，它留下的浩然正气鼓舞了一代又一代的中国人。

☆始终听党话、坚定跟党走

一个世纪以来，不论世界局势如何变幻，不论遭遇何种艰难险阻，中国工人阶级始终团结在中国共产党的周围，作为中国共产党最坚实最可靠的阶级基础。就是凭着中国工人阶级的高度政治觉悟和全中国人民的团结奋斗，在中国共产党的领导下，我们赶走了帝国主义，推翻了封建主义和官僚资本主义，建立了人民当家作主的新中国，突破了西方势力的种种打压，历尽艰险探索出了一条中国特色社会主义道路。如今，面对世界百年未有之大变局，面对不确定性、不稳定性更多的外部环境，我们新时代的铁路人要坚持以习近平新时代中国特色社会主义思想为指导，不忘初心、牢记使命，增强“四个意识”，坚定“四个自信”，做到“两个维护”，坚持在党和国家工作大局下行动，自觉服务国家重大战略实施，勇担交通强国、铁路先行历史使命，奋力推动铁路高质量发展。

☆勇于当好“开路先锋”

中国共产党给二七革命斗争指明了正确的政治方向，把斗争的矛头直指封建军阀及其背后的帝国主义，争取当时工人阶级和全国人民迫切需要的自由和民主权利。依靠党的领导和共产党员的先锋模范作用，依靠工人阶级的骨干，在很短的时间内，京汉铁路全体工人就被动员了起来，组成了一支有高度组织纪律性的战斗队伍，为中国革命积蓄了力量。在抗日战争中，铁路工人组成铁道游击队，把铁道线变成了抗击日寇的最前线。在解放战争中，铁路工人发出了“解放军打到哪里，铁路就修到哪里”的豪迈誓言。新中国成立后，铁路工人始终站在时代的前沿，争做中华民族复兴的火车头。1952年，新中国成立后修建的第一条铁路——成渝铁路建成通车，筑路工人被授予了“开路先锋”称号。改革开放新时期，中国铁路在 1997 年至 2007 年经历了六次大提速，实现了运行速度与中国经济增长速度的同步齐飞。党的十八大以来，“四纵四横”高铁网提前建成，“八纵八横”高铁网加密成型，建成了世界上最现代化的铁路网和最发达的高铁网。铁路总体技术水平迈入世界先进行列，高铁成为我国自主创新的一个成功范例，在服务打赢脱贫攻坚战、推动区域经济社会发展等国家重大战略中发挥交通支撑作用等。迈进建设社会主义现代化国家新征程，作为国家战略性、先导性、关键性的重大基础设施，作为国民经济的大动脉、重大的民生工程和综合交通运输体系骨干的中国铁路，必将继续传承“二七”精神，践行“人民铁路为人民”的宗旨，奋勇担负起交通强国、铁路先行历史使命。

☆团结一致艰苦奋斗

在中国铁路发展的百年征程中，一代又一代铁路人发扬艰苦奋斗、勇于奉献的精神，砥砺前行、创造辉煌。2020 年初，新冠肺炎疫情来势凶猛，铁路干部职工提高政治站位、强化责任担当，紧紧围绕确保铁路运输安全畅通、打好铁路疫情防控阻击战、做好铁路职工卫生防疫工作三大目标任务，不怕牺牲、奋勇直前，筑牢了万众一心、群防群治的铁路防线，绘就了铁路人众志成城、共克时艰的动人画卷，挺起了复工复产、经济发展的钢铁脊梁。惟奋斗者进、惟奋斗者强，在铁路建设中，广大铁路建设者逢山开路、遇水搭桥，神州大地处处都是“撸起袖子加油干”的铁路建设火热场景；在安全运输中，铁路干部职工精检细修、精益求精，万里铁道线上处处都是默默奉献守护钢铁长龙畅通的坚定身影，爱岗敬业、争创一流、艰苦奋斗、勇于创新、淡泊名利、甘于奉献，以“最美铁路人”为代表的一大批先进典型不断涌现，展示了铁路人的先行风采、服务本色、担当品格、奋斗精神。如今，作为新时代的铁路人，我们要继续立足自身岗位，不畏艰难险阻，坚定斗争意志，咬定目标，接续奋斗，为充分发挥铁路在现代综合交通运输体系中的骨干作用服务国家战略全局，为经济社会发展提供可靠的运能保障贡献力量！

“二七”精神英烈人物

★林祥谦

二七大罢工领导者之一

林祥谦，中国共产党党员，1892年10月出生在福建省闽侯县，1912年进入汉口江岸铁路工厂当钳工。当时的京汉铁路掌握在帝国主义侵略者和封建军阀手中，工人们饱受压迫和苦难。为改善劳动条件和收入，林祥谦曾和工友们开展过小规模的罢工斗争。

1921年中国共产党成立后，在陈潭秋、项英等共产党人的帮助下，林祥谦阶级觉悟很快提高，开始走上革命道路。同年12月，他参与发起筹备组织京汉铁路江岸工人俱乐部。1922年夏天，林祥谦加入中国共产党，不久当选京汉铁路江岸分工会委员长。

为争自由争人权，京汉铁路总工会定于1923年2月4日举行京汉铁路全线总同盟罢工。1923年2月4日上午9时，林祥谦接到总工会关于罢工的指示后，下达了罢工令，江岸机车厂所有的汽笛同时怒吼，震撼中外的京汉铁路工人大罢工开始了。京汉铁路3万多工人在短短3个小时内，实现了全线的总同盟大罢工，客、货、军用列车一律停驶，长达一千多公里的京汉铁路线顿时瘫痪，从政治经济上沉重打击了帝国主义和反动军阀。

北洋军阀政府代理人吴佩孚勾结帝国主义，于1923年2月7

日下午5时起，对江岸分工会和工人进行野蛮屠杀，江岸30多名工人牺牲，200多人受伤，制造了震惊中外的二七惨案。林祥谦带领工人同前来镇压的反动军队进行了英勇搏斗，终因寡不敌众被敌人逮捕。

反动军阀以死威胁逼迫林祥谦下令复工，遭到林祥谦断然拒绝。敌人的刽子手举刀砍向林祥谦左肩："上不上工？"林祥谦斩钉截铁地说："上工要总工会下命令。我头可断，血可流，工不可复！"屠刀砍向林祥谦右肩，他血流如注，昏死过去。醒来后，敌人再次恶狠狠地问他："现在怎么样了？"林祥谦拼尽最后的力气怒斥敌人："现在还有什么话可说？可怜一个好好的中国，就断送在你们这帮军阀手里了！"林祥谦壮烈牺牲，时年31岁。

★施　洋

二七大罢工领导者之一

施洋，中国共产党党员，1889年6月13日出生于湖北省竹山县，1914年考入湖北警察学校，次年考入湖北法政学校专门学习法律，1917年毕业后在武昌从事律师职业，不久后被选为武汉律师公会副会长。

五四运动爆发后，武昌学生支持北京学生的反帝爱国运动，举行示威游行和罢课，遭到反动军警的血腥镇压，施洋以律师身份全力开展救援活动。1921年1月，他协助项英建立京汉铁路江岸工人俱乐部。随后粤汉铁路徐家棚工人俱乐部和武汉其他一些工人俱乐部也相继建立，皆聘施洋为法律顾问。

1923年2月1日，京汉铁路总工会成立大会在郑州隆重召开。施洋以湖北工团联合会、京汉铁路总工会法律顾问的身份参加了大会的指导工作，会上他和林祥谦被指定为江岸区罢工总负责人。2月2日，汉口江岸分工会召开动员大会，施洋、林祥谦等在大会上揭露了反动军阀迫害工人代表、破坏总工会成立的种种罪行，宣布京汉铁路总工会诞生，并传达了总工会关于发动京汉铁路全线总同盟罢工的决定。

2月4日上午，施洋、林祥谦接到总工会关于开始罢工的指示后，立即下达了江岸分工会罢工的命令。随着江岸机器厂锅炉工人黄正兴拉响工人为争自由正义的汽笛，世代受压迫的江岸铁路工人在施洋、林祥谦等人的带领下高举长矛、铁棍、大刀，涌出各工段向中心街道奔去，一场在中国共产党领导下的政治大罢工轰轰烈烈展开……

罢工期间，有人问施洋：“你是律师，有稳定的工作，有丰厚的报酬，为什么要和工人们一起罢工呢？”施洋坚定地回答：“为劳动阶级的利益，奔走呼号，这是我的职责。”

2月7日，反动军警镇压罢工示威游行，开始了大屠杀。当晚施洋也被抓进汉口警察厅。

2月8日，敌人将施洋从汉口押送到武昌湖北陆军审判处。乘船过江时他继续向警察们宣传革命道理：“今天的中国，穷人悲惨，工人可怜，全体人民皆在帝国主义压迫之下……应一致联合起来，打倒帝国主义，万不能自相残杀，以致洋人坐取渔人之利……”

2月14日，北洋军阀吴佩孚给湖北督军萧耀南下达了秘密杀害施洋的急电。1923年2月15日（腊月三十日）凌晨，施洋身穿灰色长棉袍，脚穿一双黑布棉鞋，神态自若，昂首走出牢门，被刽子手押到武昌洪山脚下刑场。执法官假惺惺地问施洋：“要不要写家信？有没有遗嘱？”施洋厉声回答：“中国就是我的家，我没有什么信可写！我只希望中国的劳动者早些起来，把军阀、官僚、资本家和你们这般替他们做走狗的人，一起都食肉寝皮。”他慷慨激昂地说：“我不怕人，不怕事，不怕死，堂堂正正做人，反对强暴，你们杀了一个施洋，还有千百个施洋！”执刑官恼羞成怒，急令开枪。施洋大义凛然，振臂高呼“劳工万岁！”第二声枪响时，施洋仍然屹立，再呼“劳工万岁！”壮烈牺牲。施洋为工人阶级的解放事业和共产主义事业流尽了最后一滴血。

★汪胜友

二七大罢工领导者之一

汪胜友，中国共产党党员，1870年出生于安徽省巢县南乡槐林镇大汪村。那时，中国已沦为半殖民地半封建国家，腐败无能的清朝政府和帝国主义签订了丧权辱国的不平等条约，把大片国土割让给列强。山河破碎、内忧外患的旧中国，在帝国主义的铁蹄下呻吟，劳动人民生活在水深火热之中。1904年，汪胜友经人介绍，到京汉铁路郑州大工厂做工。当时盘踞在京汉铁路线上的反动军阀吴佩孚和帝国主义互相勾结，对铁路工人进行残酷的政治压迫和经济剥削。工人们没有人权，没有自由，上工要拿牌，下工要搜身，成天挨打挨骂，每天要在工厂劳动十几个小时。当时流传着这样一首歌谣：“成年累月做牛马，吃喝如猪穿破衣，军阀刀鞭沾满血，工人何时能出头？”这就是当时铁路工人悲惨境遇的真实写照……

汪胜友不畏强暴，奋勇当先，团结带领工友们同欺压工人的工头、反动军警展开针锋相对的斗争。在二七大罢工中，汪胜友更是奋不顾身，参加示威游行，慰问受伤的阶级兄弟，多次营救被捕的同志，时时站在斗争的前列。反动军警强迫工人复工，汪胜友挺身而出，代表工友们坚定地表示：坚决不复工。京汉铁路总工会郑州分会领导人高斌，被敌人逮捕后英勇就义。不久，工人群众便推选汪胜友担任郑州分会会长。此后，他更英勇地站在斗争的最前线，带领工友们同封建军阀作斗争。

★司文德

二七大罢工领导者之一

司文德，中国共产党党员，1896年出生在河南省汤阴县城关镇小朵庄村一个贫农家庭。1918年夏，司文德到郑州工务段129棚当工人，

1922年初任副棚首（副工长），并被推举为工务段总代表。1922年，京汉铁路长辛店、郑州、江岸等地相继成立了工人俱乐部。1923年1月，各地代表在郑州分会举行筹备会议，决定2月1日在郑州举行京汉铁路总工会成立大会。司文德与参加大会的其他代表一道，冲破军阀的封锁，到达普乐园会场（现郑州二七纪念堂），参加了京汉铁路总工会成立大会。总工会决定在2月4日举行京汉铁路全线总同盟罢工，司文德带领工人英勇地参加了罢工斗争。

吴佩孚下令对罢工工人进行血腥屠杀，制造了震惊中外的二七惨案，司文德被捕。经组织营救，出狱后的司文德继续领导工人运动。1926年夏，国民革命军北伐，司文德和工友们一起，在中共地下党组织领导下积极从事革命活动，破坏吴佩孚军队的交通运输，给北伐军以有力支援。1926年，由于叛徒出卖，司文德被逮捕。反动军阀在郑州长春桥（现二七纪念塔处）残酷杀害了司文德，并将其头颅割下，悬挂在电杆上长达7天之久。

主讲人：中国铁路武汉局集团有限公司党校讲师　张琪悦

资料来源：中国铁路武汉局集团有限公司党委宣传部

中国铁路郑州局集团有限公司党委宣传部

武汉二七纪念馆

郑州二七纪念馆

中国铁路郑州局集团有限公司郑州机务段段史馆

02

铁路红色基因

第 二 讲

“毛泽东号”精神

领袖机车彰显时代精神内涵

丰功伟绩伴随中国铁路发展

一台悬挂着金色毛泽东像的火车头，冲破硝烟、穿越时光，呼啸而来。它就是“毛泽东号”机车，一台诞生于战火纷飞年代、承载着红色基因的火车头。一路驶来，车轮铿锵、汽笛嘹亮，创造出一个又一个奇迹，更体现着工人阶级跟党走的坚定意志。13 任司机长、185 名机车乘务员与这台机车一起见证了铁路的发展、国家的巨变。

扫一扫，收看慕课

在中国铁路北京局集团有限公司丰台机务段，有一台特别的机车。它距诞生之日已有 75 年，其间历经 5 次换型，跨越 3 种机车动力时代，见证了中国铁路由小到大、由弱变强的发展历程。它就是以伟大领袖毛主席名字命名的机车，被誉为“机车领袖”“火车头中的火车头”。它，就是“毛泽东号”。

伴随着“毛泽东号”机车的发展变迁，一代代“毛泽东号”人用伟大实践和突出成就展示了“人民铁路为人民”的初心和为国家建设作贡献的使命担当，形成了以“报效祖国、忠于职守、艰苦奋

⊕ 1946 年 10 月 30 日，“毛泽东号”机车命名时，首批包乘组成员合影

斗、永当先锋”为内涵的“毛泽东号”精神。其火车头的形象和作用，凸显了铁路人不懈奋斗的价值追求，成为激励一代又一代铁路儿女接续奋斗的伟大精神力量。

★“毛泽东号”精神的历史渊源

“毛泽东号”精神源于“毛泽东号”机车，这台从战火纷飞年代一路驶来的火车头，自诞生之日便承载着红色基因，更体现了工人阶级跟党走的坚定意志。

“毛泽东号”机车诞生于哈尔滨机务段。抗日战争胜利后，国民党反动派悍然发起内战。为给东北民主联军提供更多的支援，把急需的物资运送到前线，东北铁路局组织铁路职工修复了大量线路，并领导哈尔滨机务段的工人开展了“死车复活”运动，解决机车严重不足的问题。

1946 年 8 月，工人们把滨洲线肇东车站的一台报废机车拉了回来，他们四处寻找配件，千方百计修复机车，连续奋战 27 个昼夜，给这台已经报废的旧机车——ㄇㄎ 1 型 304 号蒸汽机车，赋予了新的生命。

在机车修复期间，铁路工人所表现出来的跟党走的坚定信念、敢于斗争的革命精神以及对美好未来的强烈追求，深深感动着驻哈尔滨机务段军事代表宋力刚。他认为，铁道好比我们党的路线，车头好比共产党，车厢好比人民，毛主席就是这列火车的指挥人。应该用领袖的名字命名这台机车，以表达工人阶级的心情，扩大党的政治影响力。

1946年10月30日，这是一个值得铁路人永远铭记的日子。这一天，这台经过修复后焕然一新的机车，被中共中央东北局正式命名为“毛泽东号”。从此，“毛泽东号”这台承载着中国铁路人梦想与希望的机车，开始了它史诗般的伟大征程。

1949年3月21日，“毛泽东号”完成了在哈尔滨机务段的历史使命，随解放大军南下入关，3月27日顺利到达丰台站，正式落户于丰台机务段（现为中国铁路北京局集团有限公司丰台机务段）。

迎来新中国诞生的“毛泽东号”也迎来了新的使命。在此后的新征程中，“毛泽东号”的滚滚车轮伴随着新中国的发展一路勇往直前，见证了中国铁路的巨大变化，在长期实践中，逐渐形成了“报效祖国、忠于职守、艰苦奋斗、永当先锋”的“毛泽东号”精神，成为引领铁路工人奋勇前进的一面光辉旗帜。

★“毛泽东号”精神的内涵

“报效祖国、忠于职守、艰苦奋斗、永当先锋”的“毛泽东号”精神，有着极其深刻的内涵，是中国铁路的宝贵精神财富。

☆报效祖国是“毛泽东号”精神的灵魂

从“毛泽东号”诞生之日起，铁路工人就把他们的报国之志倾注其中，培育了“毛泽东号”的“根”和“魂”。“毛泽东号”之所以能够在各个时期取得辉煌成就，正是因为他们始终不忘报效祖国的强大初心，始终保持着“困难面前有我们，我们面前无困难”的豪迈品格，在祖国和人民最需要的时候挺身而出。

解放战争时期，“毛泽东号”承担着运送部队和军用物资的光荣任务。当时有一句响亮的口号：“解放军打到哪里，铁路修到哪里，‘毛泽东号’机车就开到哪里。”从关外到关内，“毛泽东号”主动担当困难区段列车牵引任务，冒着敌人的枪林弹雨，穿梭在解放战争的铁路运输线上，一次次安全圆满地完成了运输任务。为了多拉快跑，“毛泽东号”率先试行新行车制、循环运转制，使机车质量和运用效率大为提高，有力地支援了解放战争，而且为新中国铁路事业积累了宝贵的经验。

新中国成立之初，为了培养铁路职工的主人翁意识，“毛泽东号”机车组奉命前往郑州、济南等地首推包车责任制；抗美援朝

↑辽沈战役中“毛泽东号”机车荣立 3 次集体功

时，“毛泽东号”率先垂范，拉开了铁路系统以超轴活动支援“抗美援朝、保家卫国”运动的序幕，创造了比标准牵引定数超轴18%的纪录。

社会主义建设初期，“毛泽东号”人满怀建设新中国的火热激情，积极开展劳动竞赛，向全国产业工人发出了竞赛倡议书。在劳动竞赛中，他们多拉快跑，大力推行包车负责制，摸索出“好、快、狠、稳、准”的操纵方法，此举不仅极大提高了机车运行质量，还有力地促进了全国铁路运输秩序的恢复和发展，同时也为全国产业工人作出了引领示范，成为那个火红年代名副其实的“火车头”。

在此后的征程中，“毛泽东号”转战南北，在铁路运输中发挥了中流砥柱作用。南下武汉“三闯武胜关”，为恢复北线畅通创造奇迹；在徐州，他们一封家书传友谊，雪夜送粮情感人；在包头，他们奋不顾身灭大火，保证运输作贡献；唐山大地震，他们更是发扬“特别能吃苦、特别能战斗”的光荣传统，冒着余震的危险，及时把人民群众急需的救灾物资运往灾区。在此期间，“毛泽东号”还率先在全国铁路系统开展超轴运动，不断刷新蒸汽机车的牵引纪录，成为铁路运输战线上一面勇往直前的旗帜。

改革开放后，他们依然冲锋在前，数次担当急难险重任务。抗击非典，驰援汶川，他们担当首趟“抢字”“救字”列车牵引任务，为灾区输送物资。抗击新冠肺炎疫情，他们圆满完成北京驰援湖北医疗人员运输任务和运送防疫物资任务，确保趟趟安全、列列正点。

⇧ 2020年农历大年三十，“毛泽东号”机车组全体党员在党旗下郑重宣誓，时刻准备着奔赴抗击新冠肺炎疫情一线

75年来，只要祖国和人民需要，“毛泽东号”从来没有缺席，主动担当“开领袖车，做领军人”的神圣职责，用实际行动树起了铁路运输线上一面勇往直前的旗帜。

“报效祖国”，体现了“毛泽东号”人坚定的政治立场和深切的爱国情怀，是“毛泽东号”最为强大的精神基因和最亮丽的精神底色。

☆忠于职守是“毛泽东号”精神的精髓

“毛泽东号”在漫长的奋斗历程中，无论什么时期，无论什么环境，历任乘务员始终把“永开安全车”当作天职。2019年8月6日，“毛泽东号”机车实现安全走行1100万公里，相当于绕地球275圈。

2020年10月30日，“毛泽东号”机车命名74周年，实现连续安全走行1138万公里。截至2021年2月底，“毛泽东号”已实现连续安全走行1151万公里。“毛泽东号”之所以能够不断刷新中国铁路机车安全走行纪录，与他们把忠于职守化为“责任心 + 责任制 + 基本功 = 安全正点”的生产实践密不可分。

责任心孕育出饱满的精神状态。责任心是承担责任以及履行义务的自觉态度。在“毛泽东号”机车组，高度的责任心体现在：坚持党和人民的利益高于一切，做到党有号召，我有行动；坚定理想信念，牢记工人阶级的历史使命，树立正确的世界观、人生观、价值观；坚持做到“越困难越鼓劲，越繁忙越沉着，越顺利越谨慎，越有成绩越虚心”，对机车组的荣誉无比珍惜；坚持在工作中敢于和善于较真碰硬，确保生产安全万无一失。

每名机车组成员都以“开领袖车，做领军人”的崇高使命感和责任感完成每一项工作。战严寒、斗酷暑是工作常态，迎着困难

2019年8月6日，“毛泽东号”机车胜利实现安全走行1100万公里

上、顶着压力干是奋斗者的姿态，对安全生产中的隐患做到全面、仔细排查，不放过一个漏洞，不留下一个盲点，这些都孕育形成了“毛泽东号”人爱岗敬业的崇高责任心。

责任制倒逼出严明的纪律规矩。责任制是明确规定岗位责任范围的管理制度。“毛泽东号”严格的责任制体现在执行规章制度做到“五严五不含糊”，即：有人添乘严格执行，没人添乘也不含糊；白天行车严格执行，夜间行车也不含糊；好天气严格执行，坏天气也不含糊；正常情况严格执行，非正常情况也不含糊；行车方面的严格执行，其他方面也不含糊。

面对铁路承担的经济动脉畅通、旅客货主生命财产安全等职责，“毛泽东号”机车组将各项操作精准对标，在实践中不断总结规律，创新方法，形成制度保障。他们从20世纪50年代提出“好、快、狠、稳、准”的机车操作法，不断创新到蒸汽机车37字作业法、内燃机车28字一次值乘作业法、电力机车30字一次值乘作业法，使一项项工作有据可依、有法可循，确保工作高效运转。

基本功锤炼出过硬的工作本领。基本功是胜任工作所必须掌握的知识和技能。“毛泽东号”人过硬的基本功体现在“熟记规章一口清、自检自修一手精、执行标准不走样”的精神。突出一个“勤”字，狠抓一个“练”字，落实一个“好”字，做到人人会干，个个精通。

心怀对铁路事业的无限忠诚和热爱，“毛泽东号”机车组的每一名成员都练就了一身真功夫、硬本领。还有近乎苛刻的“六不”原则：“手不离闸把、眼不离前方、背不靠座椅、说话不对脸、吃饭不同时、沏茶不谦让”，一趟车下来，整个人都僵直了，然而他们所做的一切，目的只有一个，就是尽全力保证列车安全，兑现“人民铁路为人民”的庄严承诺。

“忠于职守”，反映了“毛泽东号”人对岗位履职尽责、对标准一丝不苟、对技术精益求精的良好风尚，是“毛泽东号”最为鲜明的标志。

☆艰苦奋斗是“毛泽东号”精神的品质

艰苦奋斗、勤俭节约是我们党的光荣传统。不论时代怎样变迁、车型怎样更替、工作条件如何变化，“毛泽东号”人几十年如一日，艰苦奋斗、苦干实干、身体力行、节支降耗。

社会主义建设时期，“毛泽东号”机车组提出了“爱煤如金”“爱煤如爱粮”的口号。当年，司炉翟进才怕锅炉烧不上汽来，就一大锹一大锹地添煤，老司机问他：“要是每一锹省二两煤，能不能影响烧汽？”他回答：“当然没关系，可省这么点儿有什么用呢？”老司机给他算了一笔账：一趟车要添四五千锹煤，要是每锹都省二两的话，就能省出四五百公斤煤，一锹省二两，日久积成山！“锹锹数，两两算，点滴节约汇大川”的主人翁式勤俭精神由此而闻名。

机车组刚成立的时候物质条件十分艰苦，没有擦车的棉丝，乘务员就用麻袋片、破衣服和乌拉草来代替，把车擦得干干净净。车上常备着“万宝箱”和节油桶，老师傅们把随手拣来的旧零件和脏棉丝，藏到“万宝箱”里，等下班有空了，就拿出来修一修、洗一洗，重新使用，年年月月都是如此。车上有一位老司机叫胡春东，平时

“不足一锹，捡拾成山。”老司机胡春东从不轻易放过掉在地上的每一块煤

看到鸡蛋大的一块煤也要捡起来。老司机长高俊亭在当司炉时，自己特制了一个小罐，加油时挂在胸前的纽扣上，一边加油，一边把豆粒大的废油抹到罐里去。别人问他为什么这般计较？他说：“一滴油不算多，天长日久汇成河。”

内燃机车时代，节油成了重要指标，“一滴油不算多，天长日久汇成河”的节约传统被一代一代地传承下来。在节约燃油上机车组成员采取“了解、主动、监听、盯住、停机”操作程序，即了解前后列车到开时刻和时间间隔，适当掌握速度；主动联系前后列车运行情况，灵活操纵列车；监听通信设备的对话情况，了解与自己有关的内容；盯住前方信号，黄灯早回手柄，减少不必要的撂闸；根据情况早停机，晚起机，以不影响开车为准。

电力机车时代，第十二任司机长刘钰峰继续带领大家不断摸索，通过平稳操作、改变制动方法，一趟车可以省电 1600 千瓦时，一年就可以省 14 万余元。

从蒸汽机车的“锹锹数、两两算，点滴节约汇大川”，到内燃机车的“一滴油不算多，天长日久汇成河”，再到电力机车“精打细算节支降电，少耗能多拉车”，“毛泽东号”人始终保持和发扬艰苦奋斗的光荣传统，精打细算，勤俭持家。

“毛泽东号”机车组在“满超五”运动中创造了 23 小时牵引 308 万吨公里的全国纪录

除此之外，在“毛泽东号”人眼中，艰苦奋斗还是一种实干精神，“宁叫机车等命令，不叫命令等机车”；是一种创业精神，“拿猫当虎斗，勇拉上坡车”；更是一种拼搏精神，“哪里需要哪里上，‘毛泽东号’人嘴里没有‘不’这个字”。这些无不体现着“毛泽东号”机车组不怕吃苦、孜孜以求的坚强意志。

“艰苦奋斗”，诠释了“毛泽东号”人厉行节约，不惧苦累脏险，埋头实干的优良作风，是“毛泽东号”最为可贵的品格。

☆永当先锋是“毛泽东号”精神的特征

75年来，“毛泽东号”始终驰骋在时代前列，蒸汽、内燃、电力3个动力时代，5次机车换型，充分代表了中国铁路各时期的先进生产力。

1977年1月，“毛泽东号”结束了30年蒸汽机车的历史，首次换型为国产东风4型0002号内燃机车，从蒸汽机时代进入内燃机时代。

蒸汽换内燃，意义太大了。当时正值“文革”结束不久，在这个时候“毛泽东号”用上我们自己制造的首批国产大功率内燃机车，这标志着中国铁路事业又进入了一个新阶段。

1991年，“毛泽东号”机车第二次换型，改为东风4B型1893号内燃机车，以适应不断发展的铁路运输市场形势。

2000年，“毛泽东号”机车第三次换型，改为动力更强劲的东风4D型1893号机车。这一年，党中央提出21世纪之初经济发展思路，铁路也实现了第三次大提速。

2010年，为适应铁路改革发展形势，“毛泽东号”机车第四次换型，改为和谐电3B型电力机车。从此，“毛泽东号”结束了33年的内燃机车时代，跨入电力机车时代。

2014年6月，中国铁路总公司作出决定，“毛泽东号”由牵引货物列车改为牵引旅客列车，充分发挥“毛泽东号”服务旅客、践行“人民铁路为人民”的典型引领力。同年7月1日，“毛泽东号”从北京启程，前往千里之外的安徽阜阳，结束长达68年牵引货物列车的历史，开启了牵引旅客列车的征程。同年12月25日，“毛泽东号”第五次换型，改为和谐电3D型电力机车，同时施行专乘制，开始担当北京至长沙T1/2次旅客列车牵引任务，“毛泽东号”这台领袖机车驰骋在北京与毛主席家乡的千里铁道线上。

75年来，“毛泽东号”机车组获得全国、地方先进集体荣誉称号130多个，一次次刷新安全生产成绩，不断创造着新的经验和方法，保持着新中国成立以来全路机车组组建时间最长、涌现劳动模范最多、安全成绩最好、完成任务量最大的优异成绩，成为始终走在时代前沿的火车头。

“永当先锋”，彰显了“毛泽东号”人拼搏进取、争创一流的决心和勇气，是“毛泽东号”最具代表性的精神。

★“毛泽东号”精神的现实意义

伟大时代呼唤伟大的精神，崇高事业需要榜样的引领。

☆传承和弘扬“毛泽东号”精神，是推动中国特色社会主义文化在交通运输行业纵深发展的具体体现

“毛泽东号”精神传承了中华优秀传统文化。75年来，一代代“毛泽东号”机车组成员胸怀崇高的爱国主义情怀，舍小家、为大家，在平凡的岗位上默默奉献，充分展现了“天行健，君子以自强不息”的奋斗精神，“鞠躬尽瘁，死而后已”的英雄气概，“常思

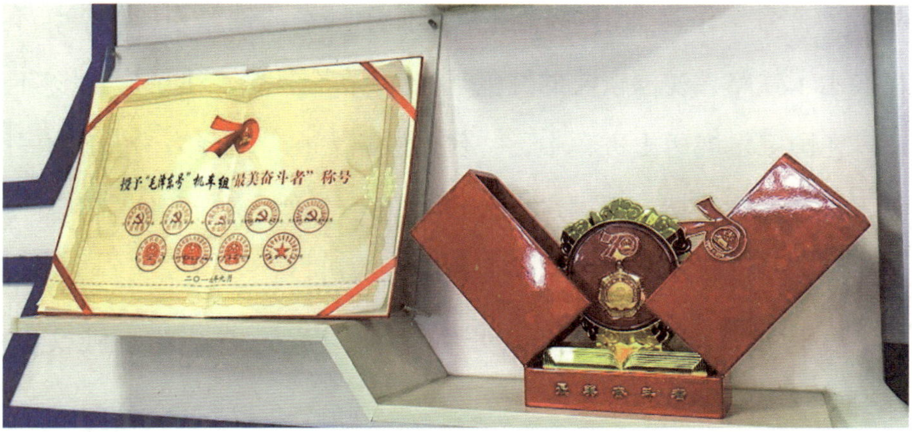

“最美奋斗者”荣誉证书和奖章

奋不顾身，而殉国家之急”的担当情怀，“与时偕行，革故鼎新”的创新意识，“天下兴亡，匹夫有责”的历史责任感。

“毛泽东号”精神继承了红色革命基因。解放战争时期，“毛泽东号”冒着敌机的枪林弹雨，勇打头阵，为辽沈战役前线的人民子弟兵运送弹药给养，践行了“解放军打到哪里，铁路修到哪里，‘毛泽东号’就开到哪里”的英勇承诺。今天，这种一往无前的精神依然深深感染着每位成员，让新时代铁路人的理想信念更加坚定，精神品格更加高尚。

“毛泽东号”精神彰显了社会主义先进文化。“毛泽东号”机车组在继承中华优秀传统文化和革命文化的基础上，进行了创造性转化和创新性发展，将爱国、敬业、诚信、友善的社会主义核心价值观与铁路工作实践有机融合。2019 年 9 月，在庆祝中华人民共和国成立 70 周年之际，“毛泽东号”机车组被授予全国“最美奋斗者”称号。作为全国22个先进集体中唯一的铁路系统代表，不仅展示了铁路人爱国奋斗的红色基因，更在全社会产生了广泛影响。

在国家发展历史进程中，一代代铁路人在“毛泽东号”旗帜引领下，把爱国之情、报国之志升华为坚定的政治责任和使命担当，以实际行动诠释了“人民铁路为人民”的初心。

☆传承和弘扬“毛泽东号”精神，是促进铁路企业文化落地实施的坚实力量

统一的价值理念是企业永续发展的核心要素。价值观是企业文化的重要内容，更是企业发展的核心竞争力。我们必须同心同德，才能战胜各种困难，实现基业长青、永续发展。“毛泽东号”精神正是在多年生产实践中形成的统一价值追求，这种凝聚在一起的精神力量是推进企业发展的不竭动力。

统一的行为准则是工作顺利进行的重要保障。2020年，“毛泽东

乘务员出乘前经过“京铁员工岗位准则”标识

号”的基本经验“责任心+责任制+基本功=安全正点”被确立为京铁员工岗位准则，这是新时代传承和弘扬“毛泽东号”精神的具体体现，也是铁路企业文化落地实施的重要途径。它可以更好地引导约束员工行为，促使广大干部职工以高度的责任心、严明的责任制、过硬的基本功，将实现远大理想与立足岗位实践密切结合起来，从而形成推动企业安全生产、经营管理、改革发展的坚实力量。

鲜明的典型引领是引导职工思想的有力举措。从整体上看，铁路职工是一支在党的领导下，作风顽强、能打硬仗的先锋力量。但也有一些职工存在不愿吃苦、不敢担责、应付对付、贪图安逸等消极思想。这些人往往缺乏较强的事业心责任感，缺乏艰苦奋斗的优良作风，缺乏争先创优的拼搏意识，被称作“佛系职工”。引导他们树立正确的世界观、人生观、价值观，需要我们传承好“毛泽东号”机车组的奋斗精神，用先进事迹感染职工、教育职工、激励职工，焕发奋斗热情。

☆传承和弘扬“毛泽东号”精神，是推进节支降耗、改革创新的必然要求

“毛泽东号”精神中“艰苦奋斗”的优良传统，能够培养铁路人节支降耗的节俭意识。在“毛泽东号”经历的历史岁月中，无论时代怎样变迁、形势如何发展，“毛泽东号”人始终保持着艰苦奋斗的优良传统，不怕苦和累、脏和险，厉行节约、克勤克俭，百折不挠、埋头苦干。每一位铁路人都应该有过“紧日子”的意识，立足本职岗位，从我做起、从点滴小事做起，以勇于吃苦、工作刻

京铁人自觉争做节支降耗、增运创效的践行者

苦、脚踏实地、时不我待的精神，争做新时代节支降耗、增运创效的实践者。

“毛泽东号”精神中“永当先锋”的勇气和决心，能够激励铁路人坚持改革创新、奋发有为。在“毛泽东号”奋斗精神的激励鼓舞下，广大干部职工积极投身交通强国、铁路先行的生动实践，在创新发展中积极进取、与时俱进，体现时代性、把握规律性、富于创造性，做“思想政治上的合格人、安全行车上的规矩人、运输生产上的带头人、创新发展上的领军人”，为实现中国铁路高质量发展永当开路先锋，有力推动各项目标任务的完成。

使命呼唤担当，使命引领未来。迈向新时代，铁路人要不忘初心、牢记使命，弘扬“毛泽东号”精神，担负起中国铁路的责任与担当，在交通强国、铁路先行的生动实践中，在实现中华民族伟大复兴的崭新征程上，旗帜飘扬不褪色，车轮滚滚永向前！

㊉ 第一代ㄇㄎ1型304号蒸汽机车

㊉ 第一次换型后的东风4型0002号内燃机车

㊉ 第二次换型后的东风4B型1893号内燃机车

㊉ 第三次换型后的东风4D型1893号内燃机车

㊉ 第四次换型后的和谐电3B型1893号电力机车

㊉ 第五次换型后的和谐电3D型1893号电力机车

“毛泽东号”历任司机长

第一任：陈捷三（任职时间：1946 年 10 月—1947 年 6 月）

第二任：李　永（任职时间：1947 年 6 月—1950 年 12 月）

第三任：郭树德（任职时间：1950 年 12 月—1952 年 4 月）

第四任：岳尚武（任职时间：1952 年 4 月—1956 年 1 月）

第五任：蔡连兴（任职时间：1956 年 1 月—1970 年 12 月）

第六任：郭映福（任职时间：1970 年 12 月—1973 年 6 月）

第七任：陈福汉（任职时间：1973 年 7 月—1979 年 8 月）

第八任：高俊亭（任职时间：1979 年 9 月—1990 年 2 月）

第九任：王志祥（任职时间：1990 年 2 月—1997 年 5 月）

第十任：葛建明（任职时间：1997 年 5 月—2005 年 5 月）

第十一任：赵巨孝（任职时间：2005 年 5 月—2012 年 3 月）

第十二任：刘钰峰（任职时间：2012 年 4 月—2018 年 12 月）

第十三任：王振强（任职时间：2018 年 12 月至今）

“毛泽东号”精神典型人物

★胡春东

“毛泽东号”首批乘务员

胡春东，中国共产党党员，生于1927年11月，外号“快车胡”，跟随“毛泽东号”入关。

在朝鲜战场上，他拉着装满燃料和弹药的列车英勇地闯过敌机的轰炸，准时到达前线。国民经济大发展时期，他结合当时全路提倡的郑锡坤操纵法，摸索出了一套具有独特风格的机车操纵法，把多拉、快跑、安全、节煤几方面，辩证地统一了起来，先后在北京铁路局和全国铁路机务系统推广。

1966年，新中国成立17周年前夕，“毛泽东号”机车组的代表胡春东应邀参加国庆典礼，作为毛主席的客人被请进中南海并留宿在毛主席住所的隔壁。

2006年冬，身患尿毒症的胡老已不能行走，却执意坐着轮椅来到北京铁路局丰台机务段“毛泽东号”文化广场，亲眼看了看机车组的年轻人，摸了摸停放在展台上的“毛泽东号”机车。不久老人离世。临终前，老人已经认不出人了，嘴里却不停地喊着：“我的火车，我的火车来了，我看见‘毛泽东号’来接我了！”

★郭树德

第三任司机长

郭树德，中国共产党党员，生于1924年1月，1939年进入哈尔滨机务段工作。1946年6月参加工人培训班，后担任自卫队指导员。1946年9月13日加入中国共产党，成为哈尔滨机务段解放后首批入党的6名成员之一。

曾在军用列车制动失灵的危险情况下只身拧紧手闸，还曾为保证列车正点冒死钻进机车炉膛修整炉条。先后3次荣立大功，获“特等劳动英雄”“一等功臣”和“劳动模范”称号。

1948年8月，担任“毛泽东号”机车组第一任党小组长。先后与司机长李永研究商定13条改进劳动态度、加强小组团结的措施，明确每星期召开一次小组总结会的制度，初步形成班组管理模式。

1949年3月随机车入关。11月在司机长李永出访苏联期间，带领机车组奉铁道部命令到郑州局推行包车负责制。

1950年12月26日接任司机长后，领导机车组成员在爱国主义劳动竞赛中向著名的马恒昌小组应战；建立一整套小组竞赛制度；总结出“好、快、狠、稳、准”先进操纵法；提出“锹锹数、两两算”的口号，并建立机车组经济指标统计台账。

曾当选全国第一、二、三届人大代表，第五届全国政协代表。

1951 年 10 月 23 日，作为特邀代表参加全国政协一届三次会议，毛泽东主席在郭树德随身携带的《毛泽东选集》扉页上亲笔签名。

★陈福汉

第七任司机长

陈福汉，中国共产党党员，生于 1936 年 10 月，1957 年参加铁路工作。1959 年 12 月选调进入“毛泽东号”机车组。任司机长期间，机车组实现了由蒸汽机车向内燃机车的过渡，实现安全走行 300 万公里。在“毛泽东号”蒸汽机车 37 字一次出乘作业标准基础上，制定了内燃机车 28 字一次出乘作业标准。

陈福汉是一个对党和祖国特别忠诚的人，包头阿吉拉救火、徐州雪夜送粮、武汉三闯武胜关，在国家和人民遇到困难的时候，他和“毛泽东号”机车组成员始终冲锋在前。唐山大地震，他更是驾驶“毛泽东号”机车，满载救援物资，第一时间奔赴灾区，与当地群众一同抗震救灾。

1968 年 9 月 26 日，他参加国庆观礼，受到毛主席接见。1970 年 5 月 21 日，他登上天安门城楼，再次受到毛主席接见。

“文革”期间，有人喊出“宁要社会主义的晚点，也不要资本主义的正点”，陈福汉坚决抵制。他说，不管是哪种主义，师傅们最不能容忍的就是列车“晚点”。

1976在9月，毛主席与世长辞。陈福汉代表首都工人，站在毛主席遗体前日夜守护。1979年8月陈福汉离任，后担任北京市总工会副主席。

曾当选第四、五届全国人大代表，中共十、十一、十二、十三大代表，第十一、十二届中央委员，全国劳动模范。

★刘钰峰

第十二任司机长

刘钰峰，中国共产党党员，生于1980年2月，1999年入路，分配到丰台机务段工作，同年11月加入“毛泽东号”机车组，很快就把各种类型机车的上千条电路、上万个部件熟记于心，成为“规章一口清、技能一手精”的技术尖子。

2012年4月，刘钰峰接过了“毛泽东号”机车组第十二任司机长的“接力棒”，机车组在他的带领下多次解决了重大技术难题。2016年，他采用“空气制动—再生制动”有机结合的操纵模式，组织编写了《HXD3D 型机车节能牵引列车平稳操作法》，大幅降低了机车能源消耗。该操作法实施后，机车组每月可减少用电 1.9057 万千瓦时，节约运输成本近 1.5 万元。面对经济发展新常态，刘钰峰提炼出的五字节能操纵法，使机车单趟节电 1600 余千瓦时，每年可节电 38.4 万千瓦时。

2015 年 10 月 29 日，刘钰峰驾驶“毛泽东号”机车实现安全行驶 1000 万公里，相当于绕地球 250 圈。

2012 年获得首都劳动奖章，2013 年获得全国五一劳动奖章，2014 年获得“全路技术能手”称号，2016 年获得“全国优秀共产党员”称号，2017 年当选为党的十九大代表。2018 年获评“最美铁路人”荣誉称号。2019 年获得“享受国务院政府特殊津贴”的待遇。

★王振强

现任司机长

王振强，中国共产党党员，生于 1986 年 11 月。2018 年 12 月 26 日，王振强接过“毛泽东号”的闸把，成为第十三任司机长。2019 年 8 月，他驾驶着“毛泽东号”机车接续完成安全走行 1100 万公里，相当于绕地球 275 圈。

在2020年初抗击新冠肺炎疫情斗争中，“毛泽东号”担当的Z1/2次列车恰好经停湖北武汉，大年三十，王振强带着全体党员在党旗下郑重宣誓并自发写下“战疫情、保稳定、保运输”承诺书、按下红色手印。机车组成员自春节就实行自我隔离，详细制定了12项防护措施并严格执行，圆满完成北京驰援湖北医疗人员运输任务和运送防疫物资任务，趟趟安全、正点。

依托“刘钰峰创新工作室”平台，他带领班组成员围绕机车质量、安全行车、节支降耗等方面积极开展技术改造、课题攻关。2020年，取得创新成果10项，成果转化、推广9项，其中3项成果获得国家专利，累计节支降耗76万元，创造经济效益87.6万元。同年底，工作室被中华全国总工会授予“全国示范性劳模和工匠人才创新工作室”荣誉称号。

2019年获得“全路技术能手”称号、首都劳动奖章，2020年获得“北京市劳动模范”等荣誉称号。

主讲人：中国铁路北京局集团有限公司党校教研室副主任　杜琳琳

资料来源：中国铁路北京局集团有限公司党委宣传部

中国铁路北京局集团有限公司丰台机务段党委

03

铁路红色基因

第 三 讲

“铁牛号”精神

为国分忧奋勇担当构建钢铁脊梁

艰苦奋斗实干笃行铸就开拓品格

拂去历史风尘，追寻先锋足迹。一台与新中国同龄的“铁牛号”机车，解锁中国铁路人胸怀祖国、自强不息、砥砺奋进的精神密码，一代又一代机车组成员以“不待扬鞭自奋蹄、苦干实干不畏难”的使命担当，铸就了“为国分忧、艰苦奋斗”的“铁牛号”精神。

扫一扫，收看慕课

英雄机车诞生在英雄年代，英雄年代奔驰着英雄机车。72年前，“铁牛号”机车受命于困境之时，奉命于危难之际，命名即叫响、鸣笛即领跑、上线即建功；是党和人民的选择，更是时代的召唤，只要有命令就擂鼓出征，只要有任务就开足马力，只要有动力就竭尽所能，“为国分忧、艰苦奋斗”的精神贯穿蒸汽、内燃、电力三个动力时代，成为一代代中国铁路人爱党、爱国、求实、创新、开拓、进取的精神写照。

★“铁牛号”精神的历史渊源

那是一个激情燃烧的年代。1946年7月东北铁路总局成立。1947年，总局党委响应毛主席、党中央“打倒蒋介石，解放全中国”的号召，开展了一场轰轰烈烈的“死机复活”运动，将破损的火车头重新修复好，支援解放战争。

1947年7月，绥化机务段检修工人经过艰辛努力，终于把一台早已经报废的96号机车修复。但是由于机车上大部分零件老化，机车质量很差，谁也不愿意操纵这台运行状况不好的机车。司机杜先扬知道后，主动请缨包乘这台机车，精心维护保养，让 96 号机车重获新生，并在 18 个月的时间里创造了安全走行 10.6 万公里的纪录，突破了第 2 个甲检期，节约检修费 1 亿多元（东北币）。由于没进行甲检，机车不仅多走行了 6000 公里，而且为国家增收 9000 多万元（东北币）。

1949 年 2 月 15 日，哈尔滨铁路管理局为表彰 96 号机车所作出的突出贡献，在绥化机务段召开大会，正式命名 96 号机车为“铁牛号”，寓意“铁道线上昂首奋进、苦干实干、任劳任怨的老黄牛”，对 96 号机车的耐力、韧劲和超强能力高度认可和褒奖。一个月后，东北行政委员会铁道部部长吕正操颁发通令：给“铁牛号”记特等功 1 次，授予司机长杜先扬“铁牛运动旗手”称号，号召各单位学习他们的经验。

1949 年 5 月 1 日，在东北铁路总局和东北铁路总工会召开的首届职工代表及劳模大会上，“铁牛号”荣获集体一等功，杜先扬被评为特等英雄。在这次大会上，东北铁路总局局长余光生正式发出“开展‘铁牛号’先进生产者竞赛运动”的号召。从此，“铁牛运动”在东北铁路蓬勃开展起来。

“铁牛运动”首先在机务部门展开，参赛的“铁牛”队及队员等级实行浮动制，海拉尔、林口、齐齐哈尔、哈尔滨、白城子等机务段的优秀机车先后成为“铁牛号”式机车。到 1949 年底，机务系统获“铁牛”基干队员称号的机车 64 台，获“铁牛”包修组称号的

“铁牛运动”纪念碑

包修组 11 个。

1949 年 10 月 14 日，东北铁路总工会召开工作会议，作出了《关于广泛开展“铁牛运动”的决议》，“铁牛运动”从机务部门扩展到工务、电务、车务等部门。“铁牛运动”开展一年以后，东北铁路共涌现“铁牛”基干队员 10979 个，“铁牛”集体 2374 个。

新中国成立后，铁道部部长滕代远指出：“毛泽东号”“朱德号”“铁牛号”“884 号”机车不仅是东北铁路的旗帜，也是全国的旗帜，要在全国推行。从 1950 年开始，“铁牛运动”发展到全国，为支援抗美援朝、恢复国民经济，作出了重要贡献。

追根溯源，榜样引领时代。“铁牛号”奔驰向前的动力是“铁牛号”精神的集中体现，彰显了中国铁路人历久弥新的价值取向。1987 年 8 月 16 日，铁道部部长吕正操为绥化机务段题字：“铁牛运动发源地”。同年 10 月 31 日，哈尔滨铁路局举行了隆重的“铁牛运动”纪念碑揭幕仪式。

与祖国同呼吸共命运，与时代同成长共奋斗。72 年来，从“铁牛运动”的开路先锋到“满超五”时期的运输标杆，从解放战争的威武之师到抗美援朝的英雄机组，从社会主义建设的岗位精英到改革开放的铁道尖兵，“铁牛号”始终听党话、跟党走，成为中国铁路人一面永不褪色的旗帜。

★“铁牛号”精神的内涵

根植于中国铁路这片红色沃土，驰骋在祖国建设的各个历史时期，“铁牛号”机车在长期的运输实践中，经受血与火的历练、苦与累的磨炼，引领和激励一代又一代“铁牛人”前赴后继接续奋斗、接力前行、接棒奔跑，相继涌现出一大批以杜先扬、宋国才、刘阳、纪鹏为代表的先进模范人物，他们用实际行动不断赋予“为国分忧、艰苦奋斗”的“铁牛号”精神新的时代内涵。

⊕ 1988 年 4 月，经铁道部批准，前进型 6800 号机车被命名为“铁牛号”

⑦ 1996 年 8 月 2 日，新的“铁牛运动”纪念碑在原址落成剪彩，成为爱国主义教育基地

☆为国分忧，不怕牺牲

与共和国同龄，注定了“铁牛号”机车从命名之日起就与祖国和人民血脉相连，休戚与共，“解放军打到哪里，就将火车开到哪里”“冒着枪林弹雨也要上前线”的口号喊出了不怕流血牺牲、直面风险挑战的英雄气概，也成为“铁牛号”身上特有的红色气质。

听从召唤，临危受命，“铁牛号”从来都是义无反顾、冲锋陷阵。1950 年 11 月，根据中共中央关于抗美援朝、出国作战的决定，铁路职工迅速组成工程部队，奔赴朝鲜战场，在铁路各线担当抢修任务，一向冲在前面的“铁牛号”再次披挂上阵，跟随志愿军雄赳赳、气昂昂出国作战。

在朝鲜战场上，“铁牛号”机组人员凭着智慧和勇敢，巧妙与敌人周旋，白天躲在山洞中整修，夜晚运送物资，经常面对生死考验，可他们仍然英勇无畏地驾驶着带“火”的机车，和空中的敌机和敌人的枪口斗智斗勇，冒着生命危险，把一列列军用物资安全地送到目的地。与此同时，他们还要克服生活上的困难，冬季气温达到零下 39 摄氏度，他们只能吃高粱米、咸菜、咸豆等这些易于保存的食物，工作和生活条件十分艰苦。

“手握闸把好比手握钢枪，同样是保家卫国！”“铁牛号”机

↑ 一向冲在前面的“铁牛号”再次披挂上阵，跟随志愿军雄赳赳、气昂昂出国作战

车组把自己当作志愿军战士，与朝鲜人民团结协作，冒着枪林弹雨运送军用物资和兵员，用鲜血和生命铸造了一条打不烂、炸不断的钢铁运输线，为抗美援朝战争的胜利作出了卓越的贡献，“铁牛号”先后有8人立功受奖。

朝鲜战争停战后，经中国政务院批准，当时入朝作战的“铁牛号”机车永远留在了朝鲜人民民主主义共和国的土地上，成为中朝人民友谊的见证和标志。

☆艰苦奋斗，吃苦耐劳

硝烟散尽，身处和平年代的“铁牛号”机车组初心不改、本色不变、干劲不减，始终以践行“艰苦奋斗、吃苦耐劳”精神的实际

行动诠释着英雄机车的光荣传统，始终把“铁牛号”精神作为创造新业绩、展示新作为的内生动力。

新中国百废待兴，面对被破坏成一片废墟的机务段场区，面对几乎不能运用的机车和设备，“铁牛号”机车组成员在杜先扬带领下积极响应“自力更生、艰苦奋斗”号召，以极大的政治热情投入生产自救。尽管当时没有工资，每月只发给 90 斤高粱米和少得可怜的油盐，但是他们不叫苦、不喊累，勒紧裤腰带，全力以赴一心一意地扑在工作上，响亮地提出了“不给钱也要干三年”的口号，心往一处想，劲往一处使，出力流汗，在所不惜。

⊕ 1995 年 5 月，“铁牛号”完成动力升级换代，东风 4B 型 7388 号内燃机车新姿绽放

↑ “铁牛号”的牌子不是喊出来的，是靠实干干出来的

越是条件艰苦，越能体现价值。面对运力不足的困境，“铁牛号”机车组成员既当乘务员又当修车匠，利用休班时间抢修机车。没有修车的材料，就去找废旧材料；没有修车的工具，就从自己家里拿、去旧物市场买；没有修车的配件，就修旧利废、自己制造；没有起重设备，他们就在机车旁搭上木架，人推肩扛更换部件。饿了，啃一口窝头；困了，在板凳上躺一会儿。就这样，他们不但加快了修车进度，机班研究制定的 11 项保养机车制度和措施，还在全段得到推广应用。

当时前方在打仗，后方物资奇缺，擦车没有棉纱，司机长杜先扬带领伙计们到野外草甸子去割草，用水泡软了代替棉纱，每天都把车擦得锃亮。他们乐观地说：“办法总比困难多，吃苦也要笑呵呵！”

以苦为乐，把苦日子当甜日子过，是“铁牛号”精神在特殊年代的集中体现，并且随着时代变迁不断发扬光大。从事过机务工作的人都知道，在机车定检时，换机油、检查地沟是最令人头疼的活儿，弄得满身油渍不说，而且还费时费力，许多乘务员为此犯难。但是面对这些“苦脏累”的工作，已经进入内燃机车时代的“铁牛号”机车组成员却是争着干、抢着干，就算是在滴水成冰的冬季，他们也从不懈怠，做到了“冬季和夏季一个样、异地和本段一个样、白天和晚上一个样、有无添乘一个样”。从内燃机车时代到电力机车时代，工作条件改善了，“铁牛号”机车的传统仍然没有变，不论是定检辅修还是终到入库，机车组成员都像爱护自己眼睛一样爱护机车。

⇧ 2018 年 6 月 14 日，“铁牛号”机车换型为和谐电 3CA 型 8200 号，开启滨洲线货运牵引新征程

“我们‘铁牛号’的牌子不是喊出来的，是靠实干干出来的！”进入21世纪，曾任“铁牛号”机车组内燃机型司机长的刘阳同样传承着英雄机车组精神，在段里开展的“冬超夏”机车文明化整治活动中，“铁牛号”机车组人员“亮身份、包最差、见行动”的决心书贴在了最显眼的地方，机车组8个人的名字连同包保的部位赫然写在了上面，宣示着他们的决心和信心。无声的行动是最好的召唤，在那场冬季开展的竞赛中，其他车间的乘务员看到了钻地沟、掀地板、挖死角满身油污的“铁牛号”人和整洁如新的“铁牛号”机车，纷纷竖起大拇指，赞叹：“‘铁牛号’就是不一样！”

☆勇于担当，甘于奉献

72年来，一代代“铁牛人”早已将责任和担当融入到血液里，落实在行动上，在每一次急难险重任务面前用坚守和奉献诠释着他们的初心和使命。

1949年的冬天极为寒冷，在祖国百废待兴、急需铁路运输保障的关键时刻，“铁牛号”机车组向毛主席发出了一封电报，喊出了“消灭一切事故，保证完成新中国成立后的第一个冬运任务”的豪迈誓言。是年11月初，冬运刚刚开始，段内储存的机煤即将用完，20多台机车被迫落火停运，“铁牛号”主动申请前往鹤岗抢运机煤，在运行至庆安站时，车上装载不多的机煤也已用光，他们就从附近粮库搬来黄豆代替，但由于黄豆热量低，不起火，列车勉强维持到铁力站，又运来一些木拌子一起掺着烧，经过七个昼夜的艰苦努力，终于将一列优质机煤运回了机务段，使停运机车重新上线运行；11

月中旬，关内急需各种军事、民用物资，滨北、绥佳线上却积聚了大量重车拉不出去，“铁牛号”主动请缨，再次冲到了运输生产的最前面，首次进行超轴多挂重车试运，仅13天时间就多拉重车208辆，受到东北铁路总局的电报表扬；是年12月到次年1月期间，在长滨线运输被动时期，“铁牛号”再次调动到该线路做示范，列列超轴、趟趟正点，11天多拉542吨，抢点16小时30分，带动全体乘务员扭转了运输被动局面。

哪里需要就冲向哪里，哪里艰苦就干在哪里！“铁牛号”机车组用汗水和行动兑现了对领袖毛主席的光荣承诺。

↑70余年后，一群朝气蓬勃的青年接过了“铁牛号”的旗帜

抚今追昔，初心不改。70余年后，一群朝气蓬勃的青年接过了“铁牛号”的旗帜，尽管面容还有些青涩，但他们坚定忠诚的目光、承责奉献的担当却与老一辈“铁牛人”一脉相承。

2020年，在突如其来的新冠肺炎疫情面前，“铁牛号”机车组全体成员第一时间写下了请战书，如同当年一般再次发出了“不惧困难、不计报酬、勇于担当、甘于奉献、坚守岗位”的铮铮誓言。在现任司机长纪鹏的带领下，“铁牛号”机车组全体人员舍小家顾大家，坚守岗位保运输，抢运重点物资82列，顶班作业12次，趟趟安全正点，有效缓解了疫情期间出现的交路紧张状况，为一线职工做出了坚守岗位、服务大局的榜样示范；针对疫情防控需要，他们成立了防疫监督组和防疫宣传组，制定24项机车消毒规程，积极关心、鼓励身边有心理压力的一线职工，凝聚战疫合力，坚定必胜信心；他们还组建了志愿服务队，利用休息时间进行各项公共区域消毒，自发购买设备，先后为400余名乘务员理发，全体“铁牛人”在铁路疫情防控的主战场逆行而上，践行着对党和国家的光荣承诺。

☆锐意进取，开拓创新

72载岁月沧桑变迁，600余万公里风雨兼程，“铁牛号”始终不改锐意进取精神，秉持开拓创新理念，紧跟不同时期铁路改革发展的现实需要，走在技术革新的前列，站在操纵改良的排头，源源不断为运输安全生产提供创新动力。

“路是人走出来的，不下河试一试怎么知道水深水浅？”20世纪 50 年代，在学习苏联经验，推行“大开气门，高提手把”新操纵法的时候，很多乘务员面露难色，有顾虑，怕出事故，造成不好的影响，“铁牛号”第一任司机长杜先扬经过认真学习，精心揣摩，他熟练掌握了此项操纵办法，驾驶牵引开往南岔的 237 列车一路奔驰，汽笛高歌，技术速度达到了每小时 40 公里，创造了当时中国铁路货运速度奇迹，也在“铁牛号”精神的传承中植入了开拓进取、敢闯敢试的基因。

“没有开不过去的线路，只有不认真钻研的司机。”这是“铁牛号”第二任司机长宋国才常说的一句话。20 世纪 70 年代，他担当乘务的绥佳线是全国铁路八大困难区段之一，线路断面复杂、坡度陡、曲线多，素有三关、五寨、九个哜喽头之称，令很多经验丰富的司机都望而却步。为保证安全行车，宋国才把线路断面用图画下来，并根据实际线路上的坡道、道口、信号机位置做好标记，将 228.80 公里线路上的 26 个车站、51 架进出站信号机、78 架区间通过信号机、68 座大小桥梁、237 个涵洞、115 个道口牢记于心，成就了他值乘 30 年无一次事故的优秀成绩。

“接手的活，就要干好；盯住的事，就要做精”，刚刚接手新车型的“铁牛号”司机长刘阳跟伙计们叮嘱。在基础资料不全的情况下，为了尽快熟悉机车部件，掌握应急故障处理方法，文化程度不高的刘阳一笔一画地写下几百个电器名称，仔细捋顺电器的控制关系，看似笨拙的方法使刘阳在不到一个月的时间内，熟练掌握了东风4C 型机车的特性和应急故障处理方法，成为同事们

㊉“铁牛号”创新工作室，立课题、搞攻关、出成果，努力开好安全车、效益车、品牌车

公认的“乘务老师”。自己熟练掌握的同时，他还做起了车队的“班主任”，一点点教，一遍遍讲，经过几个月的背包教学，在“铁牛号”机车组成员的带动下，车间乘务员技术水平得到很大提高，新型机车的操纵和运用也有了较大的提升和改善，行车安全得到进一步的保证。

“新时代新征程，我们要作出新贡献，展示新作为！”说出这句话的时候，现任司机长纪鹏信心满满。如今的“铁牛号”机车组既有能够熟练操纵内燃机车、电力机车的多面手，又有高学历、高素质的年轻大学生司机，与老一辈“铁牛人”相比，现在的“铁牛号”机车组成员不但吃苦耐劳，而且能攻善钻，他们成立了“铁牛号”创新工作室，立课题、搞攻关、出成果，努力开好安全车、效益车、品牌车。针对长交重载对技术业务的更高要求，机车组人员勇当急先锋、敢啃硬骨头，利用休息时间跟车记录，每一个变坡点、每一组分相，甚至每一条站线的长短，都详细地记在本子上，退勤以后反复推敲、琢磨研究，整理数据，总结归纳出“电力机车节能降耗操纵法”，绘制出“滨洲线上下行操纵示意图”，为机车安全操纵和节能降耗提供了重要依据，成为滨洲线保安全、保畅通的“宝典”。此外，他们还相继完成“防止带电闯分相”等 19 项创新创造成果，在运输主战场上擦亮“铁牛号”品牌，弘扬了新时代“铁牛号”精神。

★传承和弘扬“铁牛号”精神的现实意义

习近平总书记勉励我们要大力发扬孺子牛、拓荒牛、老黄牛精神，以不怕苦、能吃苦的牛劲、牛力，不待扬鞭自奋蹄，继续为中华民族伟大复兴辛勤耕耘，勇往直前，在新时代创造新的历史辉煌。

使命召唤，职责所在。征途漫漫，惟有奋斗。“铁牛号”精神像一本厚重的书，记录着中国铁路的红色故事；如一首奋进的歌，唱响每个时代的最强音；更像是一把冲锋的号，激励着一代代铁路人传承创新、开拓进取。

伟大时代呼唤伟大精神，崇高事业需要榜样引领。站在新起点、开启新征程，担负交通强国、铁路先行历史使命，迫切需要我们传承和弘扬新时代“为国分忧、艰苦奋斗”的“铁牛号”精神，向祖国和人民交出一份优异答卷。

☆发扬服务奉献的“孺子牛”精神，像“铁牛号”那样“哪里需要就到哪里”

“十四五”规划的宏伟蓝图已经展开，全面建成小康社会的巨大成就催人奋进。面对党和人民对铁路事业给予的更多期待，我们要发扬“铁牛号”精神，始终树牢“人民铁路为人民”宗旨意识，党旗所引、行动所向，在服务经济社会发展中敢挑重担、甘于奉献，创造出无愧于组织、无愧于时代的工作业绩。2020年，在“铁牛号”机车换型两周年纪念活动中，“铁牛号”机车组司机长纪鹏带领机车组成员庄严宣誓：“继承和发扬先辈意志，弘扬‘为国分忧、艰苦奋斗’的‘铁牛号’精神，不忘初心、牢记使命、爱岗自律、团结协作，为国家铁路事业奉献终身！”这既是使命所系，也是新时代的呼唤，更是传承“铁牛号”精神的铮铮誓言。让我们以“铁牛号”精神为榜样，为党工作、为国担当、为民服务，为了伟大复兴的中国梦只争朝夕、不负韶华。

☆发扬敢于创新的“拓荒牛”精神，像“铁牛号”那样“永葆创新创造活力”

“铁牛号”精神正是在时代发展中与时俱进、不断创新，才有了历久弥新的强大生命力。72年峥嵘岁月，72载孜孜以求，“铁牛号”淬炼了一代又一代政治过硬、技术精湛、业务精良、善于创新的技术工人，他们以“工匠精神”扮靓英雄机车的品牌，站在运输生产的最前沿。当年，杜先扬把车站送来的肥皂和猪肥肉当润滑油，应急解决煤水车轴轮发热烧损问题，保证了机车安全运行。

像这样的“五小”攻关成果在运输生产中发挥着大作用。今天，新一代“铁牛人”根据多种变化和设备提挡升级、更新换代研究了19项创新创效成果被推广应用，不断创新创造成为时代列车叱咤风云、一往无前的不竭动力。抓创新就是抓发展，谋发展就是谋未来，让我们以“铁牛号”精神为指引，以思维创新引领实践创新，以理念创新推动方式创新，以机制创新促进成果创新，在新时代展示新作为。

☆发扬艰苦奋斗的“老黄牛”精神，像“铁牛号”那样“苦干实干永不松套”

70多年前，老司机长杜先扬说过：“先进是干出来的，不是保出来的！”宋国才告诫伙计们：“老牛一松套，机车就趴窝。‘铁牛号’就要有永不懈怠的这股子牛劲儿！”回望来路，笛声高亢，“铁牛号”脚踏实地、深耕沃土，留下一串串闪光的足印，见证奋斗者的执着与坚守。72年来，先后有16任司机长、132人在“铁牛号”上接续奋斗。如今，他们中有的已经走上领导岗位，有的成长为技术能手，有的被选拔为行业带头人，个个都是响当当、亮闪闪、过得硬、叫得响。“我们来自‘铁牛号’，就不能给‘铁牛号’丢脸”，这是他们共同的使命与责任。大道至简，实干为要，让我们以“铁牛号”精神为激励，干一行、爱一行、精一行，谋实事、出实招、求实效，在工作岗位上体现自身价值，成就一番事业。

历史车轮滚滚向前，榜样引领火红年代。72年风雨历程，72年书写辉煌。截至2021年2月末，“铁牛号”机车已安全走行

612万公里，相当于绕地球153圈。机车组及个人相继荣获全路工人先锋号、全路先进班组、全国铁路劳动模范等荣誉150余项。

一代人有一代人的使命，一代人有一代人的担当。站在“两个一百年”奋斗目标的历史交汇点上，身处交通强国、铁路先行神圣使命的伟大进程中，唯有精神能够激荡人心、鼓舞斗志，也只有精神能够凝心聚力、创造奇迹。今天，让我们一起穿越时空，回望来路，在一个个闯关夺隘、开路当先的故事里，在一首首慷慨激昂、催人奋进的歌声里，探寻“铁牛号”机车拼搏奋斗的光辉历程，感受这台英雄机车“敢教日月换新天”的壮志豪情、“越是艰险越向前”的赤胆忠诚，传承和弘扬“为国分忧、艰苦奋斗”的“铁牛号”精神，让铁路大动脉的交响曲演绎得更雄壮、更铿锵、更嘹亮。

新征程，再出发，“铁牛号”永向前！

担使命，当先行，“铁牛号”精神永相传！

"铁牛号"精神典型人物

★杜先扬

"铁牛号"首任司机长

杜先扬，中国共产党党员，生于1918年9月。1947年，杜先扬主动包乘从"死机复活"运动中被修复的96号机车，研究制定了11项保养机车制度和措施，使机车质量不断提高。在他的带领下，从1947年8月7日到1949年2月14日的18个月零7天中，安全走行10.6万公里，超过两个甲检期，共节省材料费、人工费、检修费、油脂费等一亿多元（东北币），多走行3000多公里，为国家增收9000多万元（东北币）。

1949年3月15日，东北行政委员会铁道部部长吕正操通令嘉奖，授予杜先扬"铁牛运动旗手"称号。同年5月召开的东北铁路首届职工代表及劳模大会，"铁牛号"获集体一等功，杜先扬被评为特等英雄。

1950年6月，杜先扬作为劳模特邀代表。出席了中国政治协商会议第一届委员会第二次会议，受到毛主席等党中央领导的亲切接见。

1950 年 11 月，以杜先扬任司机长的“铁牛号”带领 11 台机车毅然开赴朝鲜。杜先扬带领“铁牛号”在战场上巧妙地与敌机周旋，凭机组人员的智慧和勇猛创出了一条打不烂、炸不断的钢铁运输线。

★宋国才

“铁牛号”第二任司机长

宋国才，中国共产党党员，生于 1940 年 1 月。1973 年，宋国才担任“铁牛号”司机长的工作，始终奋战在全国八大困难区段之一的绥佳线。这条线路断面复杂、坡坡相连、步步登高，一年四季围着河流转，早晚雾大。为掌握区段特点，尽快提高作业技术，宋国才把线路画下来，仔细分析，反复试验，制定出了一整套绥佳线操纵办法并积极推广，确保了绥佳线的运输安全。

1977 年 5 月，宋国才担当乘务时不小心头刮在了煤机上，鲜血直流，被送往医院。可是没等伤口愈合，宋国才就瞒着医院和领导爬上了机车，伙计往回撵他，宋国才却说：“重活干不了，我顶副司机，人员这么紧张我哪能躺在床上呐？”机车运行起来颠得厉害，一丝丝血水顺着他的伤口淌了下来，为了不让伙计看见，宋国才用手捂着伤口咬牙坚持，一条弯曲的伤疤从此留在了脸上。

1989 年 9 月 28 日，宋国才代表黑龙江省参加全国劳动模范和全国先进工作者表彰大会，受到党和国家领导人的接见。接受采访时，宋国才情不自禁地说：“我不过是尽了党员应尽的义务，做了点力所能及的工作，没想到党给了我这么多、这么高的荣誉！”

宋国才担当乘务工作30年里，先后荣获省特级劳动模范、全国劳动模范、五一劳动奖章、优秀共产党员等荣誉称号。

★刘　阳

“铁牛号”机车（DF$_{4B}$7388）司机长

刘阳，中国共产党党员，生于1974年7月。刘阳在日常工作中不断提升技术业务水平，认真积累行车经验，根据小运转运输特点，摸索出“保安全平稳操纵指导”方法，制定了“LKJ-2000型哈三地区（哈尔滨三棵树地区）呼唤应答互控办法”，有效控制了货运机车在哈三地区的行车安全，并很快在全段推广应用。他还根据担当哈三地区小运转运输生产任务实际，从待乘、出勤、接车整备、出库挂头、发车、运行、到达、交班、退勤9个环节总结出“安全值乘作业法”。

任职期间，“铁牛号”机车组先后被铁道部、黑龙江省授予“工人先锋号”等荣誉称号，刘阳本人也多次被评为先进生产者、优秀共产党员，2010年被铁道部授予“火车头奖章”。

★纪　鹏

“铁牛号”机车现任司机长

纪鹏，中国共产党党员，生于1991年3月。纪鹏以弘扬新时期“铁牛号”精神为己任，抓导向、建队伍、强作用，让“铁牛号”时刻保持战斗姿态，冲锋在现场，担当在一线。他针对电力机车牵引运行特点，带领全车组成员立课题、搞攻关、出成果，先后制定“滨洲线货运电力机车节能操纵办法”“滨洲线货运上下行操纵示意图”等19项创新创效成果，兑现“安全操纵、节能降耗”目标，成为滨洲线保安全、保畅通的“宝典”。

在新冠疫情阻击战中，纪鹏带领机车组成员第一时间向党组织递交请战书，组建“铁牛号”应急预备队，用实际行动践行“为国分忧、艰苦奋斗”的“铁牛号”精神。任职以来，机车组先后获得全路春运立功竞赛先进集体、全路青年安全生产示范岗等荣誉称号。

主讲人：中国铁路哈尔滨局集团有限公司关工委副秘书长　韩玉皓

资料来源：中国铁路哈尔滨局集团有限公司党委宣传部

中国铁路哈尔滨局集团有限公司哈尔滨机务段党委

04

铁路红色基因

第 四 讲

小东精神

接力传承“一点不差”的习惯

筑牢“差一点也不行”的信仰

有一种精神，穿越了沧海桑田，却始终不渝；朴实无华，却诠释着铁路行业保安全的科学真谛。这就是“一点不差，差一点也不行”的小东精神。它孕育于硝烟滚滚的战争年代，诞生在激情澎湃的社会主义建设时期，风云变幻，岁月更替，它始终感召着一代代铁路人为铁路高质量发展前赴后继、敬业奉献，成为一代代铁路人的职业操守和价值追求。

扫一扫，收看慕课

在繁密的中国铁路网中，有这样一个车站，它连续保持安全生产 72 年，曾荣获全国五一劳动奖状、全国模范职工小家、全国青年文明号、全路党支部“十面红旗”等荣誉 400 多项。这里涌现出的先进典型，曾作为铁路的代表，受到毛泽东、周恩来、邓小平等党和国家领导人的亲切接见……这个车站，就是中国铁路沈阳局集团有限公司高新线上的一个四等小站——小东站。那么，到底是什

2015 年改建后的小东站

么让这样一个四等小站历经七十余载，安全生产始终坚如磐石，成为中国铁路的一面旗帜呢？

今天，就让我们一起走进小东站，走近小东人，走进他们薪火相传、几十年始终如一守护的“一点不差，差一点也不行”的小东精神，去解析他们“忠诚、严细、自觉、精业、为先”的精神密码。

★小东精神的历史渊源

小东站的历史厚重而光荣。1931 年九一八事变后，东北各地相继沦陷。1935 年，“满铁”完全垄断了东北铁路修建和运营权，运来的是杀人放火的日本兵，运走的是我国丰富的物质资源，那时的铁路工人在豺狼铁蹄下苦苦挣扎、饱受欺凌。小东站就是在这段屈辱的历史中于 1937 年建立的。

1945 年，日本战败投降。次年，蒋介石发动了内战。1948 年10 月，伴随着解放战争的隆隆炮声，小东站回到了党和人民的怀抱。受党的指派，共产党员韩万海来到了小东站，成为小东站的第一任站长。当时，国民党飞机在小东站上空投下了数百枚炸弹，企图炸毁这段解放军南下的重要军事通道。在生死考验面前，韩万海带领车站职工和当地群众，冒着生命危险，奋力抢修被炸线路。11 月底，辽沈战役的硝烟刚刚散去，按照党中央“解放全中国”的战略部署，东北野战军挥师入关，小东站作为大军南下通道上的一个重要车站，还没来得及修复战争的创伤，就提前恢复了运营。没有站房，他们就在旧炮楼里指挥行车；没有扳道房，就挖个地窨子；没有通信设备，就靠敲击鱼尾板传达行车命令……

↑解放战争时期，职工在站舍上刷上“打倒蒋介石，建立新中国”的标语

就在恢复运营后的第一趟军列即将开来时，他们突然发现进站的第一组道岔尖轨不密贴，如果军列轧上极易脱轨。在紧急时刻，韩万海当机立断，与职工赵连庆两人用木棒别紧了道岔握柄，用肩膀死死地扛住木棒迫使道岔密贴。当军列安全通过后，韩万海瘫倒在地上，肩头压出了一道道乌青黑紫的血印子，胳膊都抬不起来。在接下来连续40多天里，小东站安全接发军列150余趟，确保了大军顺利入关，小东站也因此受到了时任东北行政委员会铁道部部长吕正操的3次通令嘉奖。

在那段时间里，韩万海和职工们说的最多得一句话，就是“为了解放全中国，一刻不耽误，一列不影响”。这朴实的话语，是第一代小东站人初心的真实写照，也是小东精神的萌芽！

1950年11月，朝鲜战争爆发。沈有清、谭延龄等4名小东站职工响应党的号召，主动报名参战，随中国人民志愿军铁道兵团奔赴朝鲜战场，执行铁路运输保障任务。后方的小东站人在第二任站长岳光亚的带领下，响亮地喊出了“一人顶着两人干，人少照样保安全”的铮铮誓言。

当时，新中国铁路刚刚起步，设备条件差，没有成型的规章，更多的是要凭人的责任心来保安全。刘国全，是小东站第一代扳道员。他怀着对党的感恩之情，一心扑在工作上。每次作业都坚持做到分毫不差。为了使道岔顺滑，他还将道岔的尖轨和滑床板擦得锃亮。要知道，道岔常年裸露在室外，不仅要经受车轮的碾轧，还要饱受风沙、雨雪的侵蚀，要是没有视安全如生命的责任感，是不可能让道岔光可鉴人的。刘国全像是呵护儿女一样精心地呵护着每一组道岔，从未有过一丝闪失。

↑ 东北行政委员会铁道部部长吕正操签发的奖状

在一次会议上，站长岳光亚让刘国全讲一讲保安全的体会，刘国全脸憋得通红，想了半天才说：“我有啥可说的，就是扳道时一压到底，横竖两个拉刀口对准，保证一点不差，差一点也不中呗！”

正是这样一句话，深深打动了大家。大伙儿都说，这就是我们要达到的标准。从那以后，每名小东站人都照着这个标准去做，把岗位安全当成眼睛一样去爱护，车站的安全天数也在不断地刷新，1000天、2000天、3000天，小东站的名声，逐渐在全路叫响。1956年，岳光亚代表车站光荣进京出席了全国铁路群英会，受到了毛主席等党和国家领导人的亲切接见。

从刘国全提出的“保证一点不差，差一点也不中”，到后来固定下来的“一点不差，差一点也不行”，小东精神来源于第一代小东站人朴实的劳动实践，成型于代代小东站人立足岗位、传承发展的深刻总结，逐渐成为历代小东站人恪守的行为准则、职业追求。

★小东精神的内涵

提出一个口号容易，但是，让它变成数代人的自觉、几十年的坚守，绝非易事。站长带职工、师傅带徒弟、老人带新人、劳模带骨干，“一点不差，差一点也不行”的小东精神在薪火相传的实践中得到不断丰富发展。“忠诚、严细、自觉、精业、为先”构成了小东精神的基本内涵。

☆忠诚情怀：党叫干啥就干啥，干啥就要干好啥

解放战争时期，小东站人甘用胸膛作铺路石，确保大军顺利南下，为解放战争的胜利作出了积极贡献，成为党可信赖、可依靠的一支“铁军”。

1953年12月，沈有清光荣完成了党和国家交给的任务，从朝鲜回到了小东站。他没有向组织提任何要求，在普通的扳道员岗位上一直勤勤恳恳、任劳任怨地工作。身边的人常听他说这样一句

⊕ 1958 年，在小东农场礼堂召开学习推广小东站安全生产经验现场会

话，那就是“党叫干啥就干啥，干啥就要干好啥”。凭着对这一信念的坚守，沈有清被评为省级劳动模范，还当上了小东站副站长。20 世纪 70 年代初，他远渡重洋，支援坦赞铁路建设，把小东站人的光荣传统、中国铁路工人的精神风貌带到了异国他乡。

“党叫干啥就干啥，干啥就要干好啥”是小东站人鲜明的政治底色。在社会主义建设时期，小东站党支部把政治理论学习作为支部建设的首要任务，教育和引导职工用毛泽东思想武装头脑，树立革命理想，焕发革命斗志，自力更生，艰苦奋斗，一心为了铁路运输安全畅通、多拉快跑。党支部号召党员带头做“一点不差，差一点也不行”的好职工，使“一点不差，差一点也不行”逐渐成为小东站人的职业操守和精神境界。当车站实现安全生产 3000 天、创全路中间站的最高纪录时，《人民日报》头版报道了小东站的先进事迹，铁道部发出了“全路向小东学习”的号召。

政治上信念坚定，行动上才能方向清晰。小东站人始终做到“四个没有”：上班没有迟到的，下班没有早退的，学习没有不到的，执行规章没有溜号的。1976 年 12 月 1 日，小东站胜利实现安全生产 28 周年，被铁道部命名为全路“学大庆先进集体”荣誉称号。改革开放初期，面对“铁路要当好经济建设火车头”的时代要求，车站党支部向党员发出了“四个带头”的号召，即带头遵章守纪、带头埋头苦干、带头廉洁奉公、带头关心群众。20 世纪 90 年代，面对市场经济带来的考验，党支部组织党员郑重作出“四不”承诺，即：不占便宜、不开后门、不唱高调、不降标准。进入21 世纪，党支部坚持把党员的先进性充分体现到“一点不差，差一点也不行”的小东精神上来，做到关键环节党员盯防、关键部位党员包保、关键流程党员卡控，充分地发挥了党员的先锋模范作用。

可以说，无论哪个时期、什么时候，小东站人始终不渝听党话、坚定不移跟党走，坚决完成党交办的各项任务，把“一点不差，差一点也不行”的小东精神深深地融入对党忠诚的血脉之中。

☆严细作风：安全生产大于一切，规范管理一丝不苟

在小东站人眼中，安全大如天、责任重于山，他们依靠“严在一点一滴、细在一丝一毫”，把严谨态度与精细标准有机统一，让安全基础实而再实，持续创造着全路中间站安全生产的最高纪录。

第二任站长岳光亚有一个别名叫“岳光严”，大家习惯在背地里叫他“严站长”。这个叫法是怎么来的呢？有一次，他夜间抽查，

发现扳道员超计划时间 1 分钟没有通知接车，他抄起电话询问，对方称拉肚子去了趟厕所，岳光亚却较真地非要实地去看痕迹，这个扳道员一看瞒不住了，只好承认刚才打盹了。岳光亚在交班会上语重心长地跟大家说：战场上打盹容易吃败仗，是会要人命的；岗位上打盹容易出事故，同样会要人命的！职工们听了深受教育。事后，有的职工在岳光亚的“亚”字上加上了一撇，偷偷叫他“岳光严”，“严站长”这个名字就这样被叫开了。从那时起，严字当头、一丝不苟就成了历任站长抓安全的准则，无论是干部还是职工，大家心里都有一杆秤，那就是安全连着千家万户的幸福，在安全上无论怎么严都不过分。

20 世纪五六十年代，小东站使用的信号机是臂板式的，道岔要靠人工来扳动。小东站人意识到：确保安全，不抓住人这个关键是不行的。经过不断实践总结，他们建立了“一喊、二看、三指、四扳”的作业办法，每次接车时，都要一喊接车股道空闲，二看道岔开通方向，三指需要扳动的道岔，四将道岔扳到指定位置。他们就是用这种“笨招”落实作业的每个细节，养成一招一式下意识的动作习惯。后来，车站开始使用电气集中联锁设备，电钮代替了人工操纵，他们又根据设备特点，探索制定了“一看、二排、三确认、四监视”的接发车操作制度。在小东站实现安全生产 30 周年之际，铁道部运输局派调研组到小东站蹲点调研，小东人创造的这些作业方法和操作制度，成为全路接发车作业标准的雏形。

2013 年 6 月，小东站迎来了单线变复线、半自动闭塞改自动闭

⊙ 每次施工作业都要认真核对施工登销记及调度命令

塞的历史性改造。面对从未有过的安全风险考验，第十四任站长李强向全站和施工单位郑重提出“安全底线寸步不让，防控措施缺一不可”的硬性要求，他从施工计划、现场卡控、应急处置等6个方面，细化制定了22项控制措施，并且绘制了一目了然的施工卡控流程图，要求全站人员和每个施工单位必须对照流程图一点不差地组织施工。一开始有的施工单位还以为站长就是说说而已，可没想到施工过程中，小东站每一个人在每一处所、每一时刻都不打折扣地严格执行。施工单位负责人不解地说：“我干了十多年的活儿，就没见过你们这么细、这么严的，这活太难干了！”李强听罢，严肃地说：“咱们是边施工边行车，对运输干扰大、安全风险大，这些措施都是反复分析、推演出来的，只有这么干，心里才有底。”他从早到晚严格盯控施工和行车各个关键环节、关键节点。施工单位每天早上5点钟到车站做准备，李强4点钟就起来，核对施工计划和调度命令，认真组织施工登销记，差一个字都不放过。为了防止差错，头天晚上他都要把登销记细节做成一个模板，在登销记前，对驻站联络员一对一进行讲解，并要求严格对照模板执行，确保无误。渐渐地，施工单位人员由质疑变为认同，由被动执行变为自觉执行。他们深有感触地说："小东站人让我们知道了什么叫'一点不差，差一点也不行'。在小东站干活儿，尽管累点，但心里最踏实！"

从2013年到2016年，在历时3年多的施工改造中，小东站两任站长带领大家以"一点不差，差一点也不行"严细精神，牢牢把住了运输安全的"铁大门"。

☆自觉养成：铁的纪律处处一个样，落实标准人人都一样

小东站人之所以能够创造安全骄人业绩，离不开他们"干一行、爱一行、专一行、精一行"的高度自觉。白天晚上不差样、好天坏天不差样、当班帮班不差样、干部在与不在不差样，这是他们日常工作和生活的真实写照。

熟悉铁路行车工作的人都知道，车站办理作业，最怕的就是不良天气和设备故障所产生的非正常接发车作业。一旦出现非正常情况，极易给安全带来威胁。1984年7月8日凌晨，电闪雷鸣、暴雨倾盆，车站所有通信设备保险全部被雷击穿，一切电话中断，行车设备瞬间全部灭灯。正在车站调休的值班员刘俊第一时间补充上岗，协助当班值班员迅速启动一切电话中断非正常行车作业办法。

他们严格按照标准填写、核对红色许可证，顶着狂风暴雨，向机车司机递交行车凭证。担当人工传递命令的周伯仲，每接发一趟列车就要在相距几百米的运转室、扳道房之间往返 4 次，及时准确地将命令一次次传达到位。在电话中断长达 4 小时、设备失去联锁控制长达 3 天的时间里，全站干部职工都严格地执行每一环节的作业标准，安全接发列车 128 列，没有出现任何差错。日常自觉养成严格执行标准的习惯，是他们安全有序应对危急时刻的根本保证。

面对非正常情况立即上岗，已经变成了小东站人的“下意识”。在小东站流传着一个非常有名的“半个瓢”的故事：扳道员洪瑞武休班去理发，刚剪一半，电推子坏了，他第一反应就是“停电了”，起身就往车站跑，到车站后一看没有停电，这才意识到是电推子在作怪……工友们愣愣地看着老洪，追问发生了什么事。老洪摸着剪了一半的头发讲出经过，逗得大家捧腹大笑。其实，在小东站人的日常生活里，吃半顿饭、睡半宿觉、看半场电影是经常发生的事儿，一代代小东站人严格要求自己已经“严”到了一种境界、“严”成了一种自觉。

现任新邱站站长魏巍就是从小东站历练出来的年轻站长，因为他一提到“标准”两个字就一脸威严，被职工们戏称为“威站长”，在“威站长”的身上有着这样一则故事，那是 2006 年 11 月的一天，魏巍当时还担任着车站值班员，按计划准备了下行列车进 1 道、上行列车进 3 道的进路后，接到调度员临时调整命令，下行列车会让 3 趟上行列车。为让助理值班员接车不横越 1 道停留列车，他没有

㊉ 车站值班员刘俊冒雨接发列车，向司机传递行车凭证

和司机联控，就排了下行列车进 3 道、上行列车进 1 道的进路，被时任站长陆宝玉监控发现，当即严肃制止，事后按违章进行考核。事后魏巍有些不服地说，我变更接车进路的时机，比《站细》规定的开放信号时机提前 1 分钟，啥都不影响。陆宝玉听后，就把魏巍拉到站线板前，一边模拟推演，一边耐心讲解：1 道的中间是道岔区段，取消进路时，白光带消失需要 3 秒钟，如果你没有确认好道岔区段是否解锁，就会导致变更的进路无法形成，就会把列车撂到站外……魏巍一下子恍然大悟，惭愧地说："站长，我明白了，我错了。"这件事让魏巍懂得了，执行规章如果"差一点"，就等于给安全埋下了隐患。从此，他时时处处执行标准不走样，并把这种作风从作业岗位带到了管理岗位。

在小东站人心中，"安全第一"已经成为一种本能。自觉在执行标准上加一码、紧一扣，让安全有底数、有底气，成为“一点不差，差一点也不行”的小东精神的重要内涵，这也是小东站建站70多年从未发生过事故、创造全路中间站安全奇迹的一大秘籍。

☆精业品格：就是脱掉几层皮、功夫也要练到家

小东站人始终坚持勤学业务、苦练技能，把学规章、练硬功当责任、当习惯、当追求，用他们的话讲，“干好工作光有热情还不够，必须得凭真本事”。锻造精业品格，是小东站人十分珍重的传家宝。

老一辈小东站人大多出身贫寒，识文断字的很少，尽管那时规章条款并不多，但对他们来说，学规章也是一个不小的难题。老工人洪瑞武，从小没念过书，为了学规章，他想出了一个笨招，就是在纸上画出线路、道岔、信号机等，然后在上面画些大圈套小圈、直线加曲线、方方块块的只有他自己懂得的规章符号，画了一张又一张，把自家屋子贴的满墙都是。有人笑着说，“这画的是啥呀，跟天书似的”，洪瑞武并不在意别人怎么说，他不仅画，还让有初小文化的妻子念规章给他听，妻子考、他来答……谁都没想到，大字不识几个的洪瑞武竟然在车站的学规章对手赛上把《技规》《行规》背得一字不差，随后，在分局技术表演赛上还荣获了技术能手称号。从那时起，“洪天书”的称号就叫开了，并且成为激励一代又一代的小东站人勤奋学习的榜样。人人学业务，个个背规章，蔚然成为一种风气、一种文化。一直到现在，小东站都始终坚持“百题百条”的规章学习法，即根据工种应知应会，从《技规》中选出100题、从《行规》《站细》中选出100条，每个人都要达到熟知

老工人洪瑞武在妻子的帮助下学习规章

弄懂、一字不差，这成了小东站人基本技能的标准，也是新职工进入小东站必修的“第一科目”。

1981 年 4 月，崔巍从外站调入小东站。他发现，小东站职工很少闲聊，有点时间都在看书学习，甚至吃饭的时候还在互问互考……这种浓厚的学习氛围，很快感染了他。通勤车上，他默默背规章；回到家，对着镜子练实作。有一次，孩子发烧，妻子上班前，叮嘱休班在家的崔巍给孩子喂药。崔巍满口答应，可妻子走后，他拿着规章，边看边背。等妻子下班回来，见药片还放在桌上……就是凭着这种忘我的钻劲，崔巍练就了过硬技能。1987 年 9 月，全国总工会在小东站召开工业企业班组安全建设现场会，各级领导随机点名抽考，第一个就抽到了崔巍，148条内容他都有问必答、条条流畅、一字不差，赢得了热烈的掌声，被与会领导称赞为问不倒、难不住的“活规章”。

在小东站，比学赶超的敬业精神已经成为一种文化、一种传统，丰富了“一点不差，差一点也不行”的小东精神。在这种氛围的熏陶下，几十年间，先后涌现出了勤学苦练的“父子兵”洪瑞武、洪成石，争当业务状元的“比翼鸟”毛志平、梁秋颖，“90后”技术能手赵菲雪等一代代先进典型，先后有100多人次在各类技能竞赛中获得优异成绩，被称之为“人才的孵化站”。

☆为先风范：扛着红旗不歇脚、站在排头不松劲

珍惜荣誉、唯旗必夺既是小东站人的心气，也是小东站人的志气。70多年来，400多项荣誉，真实地记载着小东站人视安全为生命、爱岗位胜似爱家的生动故事。

在小东站曾经发生过这样两个故事，让大家难以忘怀。一个是保护荣誉的故事。第四任站长王振河从1964年开始担任小东站的站长兼党支部书记，一干就是15年，其间正赶上“文革”，为了把车站的荣誉保存下来，他冒着极大风险将17面锦旗、47份奖状和百余张照片悄悄地藏到了自家的仓库里。粉碎“四人帮”后，王振河把这些宝贝拿出来挂在了墙上，很多职工看见后眼眶都湿润了。另一个是夺回荣誉的故事。1995年，在锦州分局中间站标准线建设评比中，小东站没能守住多年第一的名次，这让唯旗必夺的全站

职工都上了火。站长韩国军嘴上起满了大泡，他先后四次召开职工大会、党员大会，深刻作出自我批评，并带着大家一块儿查问题、找根源；还将退休的老职工请到车站，帮忙把脉；他还带队到标杆车站去学习取经。终于，在第二年评比中，又夺回了第一名。

小东站人最可宝贵的是人人都有一颗珍惜荣誉之心、一份捍卫荣誉之责。车站有一句特别经典的话：要进小东站、先做小东人。每一个新到小东站的职工，到车站的第一件事，就是由站长领到车站的荣誉室，讲小东故事、小东精神，上好“一点不差，差一点也不行”的优良传统第一课。青年职工小季刚到小东站就觉得不适应，提出了调离申请，时任党支部书记李宝柱多次和他促膝谈心，给他讲小东站的光荣历史、讲小东站人的敬业故事，特别是讲小东站年轻人成长进步的典型实例……使小季深受感染，打消了离开的念头。

↑ 1995 年，小东站党支部获得全路“十面红旗”党支部称号

从此，他以不服输的劲头勤学规章、苦练技能，处处干在前面，光荣地成为一名共产党员，现在已经成长为阜新南站运转车间的党支部书记。每当小季讲起他在小东站历练成长的经历，总会动情地说："小东精神深刻影响了我，现在我虽然离开了小东站，但永远忘不了小东的魂。"他的这句话，是离开小东站每个人的共同心声。

现任小东站站长刘冰无论是在工人岗位，还是在管理岗位，都始终如一地刻苦学习和钻研业务技能，并带领大家不断提高技术业务水平、磨砺岗位保安全的责任心。在获得沈阳局集团公司第十九届职业技能竞赛"技术状元"称号后，他又在沈阳局集团公司《技规》"一口清"大赛上夺得参赛专业干部的第一名。可以说，一任又一任的小东站长带领着职工，把传承"一点不差，差一点也不行"精神作为使命扛起来、作为旗帜擎起来，不服输、不叫苦、不松劲，

↑ 车站党支部组织全体党员重温入党誓词

小东站职工始终在作业中一丝不苟地落实标准、保证安全

让每一份获得的荣誉都不缩水、不蒙尘。

★传承和弘扬小东精神的现实意义

小东精神是 70 多年来铁路行业奋斗历程的缩影，是铁路光荣传统的结晶。70 多年来，尽管社会环境发生巨变，行车设备几经换代，作业方式不断更迭，但铁路运输行业的“根”和“魂”始终没有变。无论是过去、现在还是未来，“一点不差，差一点也不行”的小东精神永不过时，我们要坚定传承践行、不断发扬光大。

☆小东精神体现了对党忠诚的初心

小东精神源于 20 世纪 50 年代老职工总结的一条宝贵经验，是解放初期运输设备极为落后的情况下，铁路人忠诚党的事业、忠实履职尽责初心的集中体现。今天，站在新的起点上认真审视小东精神，我们能够深刻地感悟蕴含其中的时代内涵。小东精神与践行交通强国、铁路先行历史使命、确保高铁和旅客列车安全万无一失的政治红线和职业底线高度契合，是铁路人增强“四个意识”、坚定“四个自信”、做到“两个维护”的具体体现。它贯通了从贯彻中央精神到落实党组要求最终转化为基层一线具体行动的本质要求。新时代传承和弘扬小东精神，就是要从对党忠诚的政治高度上来把握，把安全作为铁路企业最大的政治、最高声誉，以“一点不差”的标准认真贯彻落实习近平总书记对安全生产铁路工作的重要指示批示精神和党中央的各项决策部署，以“差一点也不行”的标尺严格管理，严纪达标，筑牢安全生产防线，巩固经营管理基础，实现

⊙ 沈阳局集团公司新入职大学生参观小东精神教育基地，传承弘扬铁路红色基因

铁路高质量发展。

☆小东精神揭示了安全生产的真谛

安全是铁路永恒的主题。多年来，铁路运输的性质和特征，形成了严字当头、铁的纪律的优良传统。“一点不差，差一点也不行”是铁路人在长期实践中的精辟总结，并经过长期实践论证的十字箴言。

“一点不差”，是铁路基础管理、现场作业最佳的工作状态；“差一点也不行”，是达到这个最佳状态的唯一途径，二者体现了理想与现实、目标追求与岗位实践的统一。随着高铁的快速发展，新设备新技术的大量应用，现场作业方式、生产组织形式、劳动协作模式都发生了新的变化，确保安全面临着巨大考验，而“一点不差，差一点也不行”却是在各种变化中恒久不变的安全生产规律。新时代传承和弘扬小东精神，就要求我们必须把“一点不差”作为底线思维加以固化，加强专业管理，提升专业素养，严格标准执行，确保人民生命财产安全；把“差一点也不行”作为红线意识反复强化，树牢“安全第一、生命至上”理念，无论任何时候任何情况，都不能以牺牲生命、牺牲安全为代价。

☆小东精神传承了铁路的优秀基因

“一点不差，差一点也不行”，是小东站人忠诚担当、履职尽责，遵规守纪、一丝不苟，科学严谨、精益求精职业精神的接力传承，是新时代劳动精神、劳模精神、工匠精神的形象诠释。进入“十四五”，开启新征程，国铁企业改革发展正处在关键阶段，实现《新时代交通强国铁路先行规划纲要》任重道远；加快法治化市场化进程，提升经营管理质量和效益，实现国有资产保值增值；持续抓好铁路建设，不断完善路网结构，提高铁路运输供给质量；大力加强纪律建设、作风建设，涵养良好政治生态，都迫切需要我们把“一点不差，差一点也不行”落实到安全、经营、稳定、建设和党建等各项工作中，以“一点不差”的责任感坚持强基达标、提质增效、节支降耗，确保各项工作落到实处，取得实效；以“差一点也不行”的紧迫感固根基、扬优势、补短板、强弱项，加快推进国铁企业治理体系和治理能力现代化，在实现铁路高质量发展实践中担当作为、走在前列。

小东精神典型人物

★韩万海

小东站第一任站长

韩万海，中国共产党党员，生于1925年1月。1948年10月，受党的指派，第一任站长韩万海来到小东站，带领8名职工冒着敌机轰炸的危险，抢修线路，千方百计修复车站设备。他们把废碉堡改造成了运转室，挖了两个地窨子当作扳道房。他们把“建立新中国”的口号写在墙上，把“不怕苦，不怕难，全力保安全，一心为支前”的口号转化为实际行动，把对党的绝对忠诚融入具体的铁路运输工作当中来。

据统计，在建站后100多天里，小东站累计安全接发军列150趟，有力地支援了解放军南下。车站职工用实际行动，践行了“为解放全中国，一刻不耽误、一列不影响”的铮铮誓言。

为了表彰小东站的功绩，时任东北行政委员会铁道部部长吕正操于1949年6月亲自为小东站签发了“安全立功奖状”。从此，历经战火洗礼的小东站，在为人民建功立业的传奇之路上迈出了坚实铿锵的步伐。

★岳光亚

小东站第二任站长

岳光亚，中国共产党党员，生于 1923 年 6 月。他是第一位获得国家级荣誉的小东站站长。

新中国成立初期，小东站条件简陋，环境恶劣。当时的铁路安全运输工作，从全国来说，都缺乏经验。岳光亚不想坐等其成，而是凭着对党的事业、对铁路工作高度负责的精神，着手整章建制，使职工有章可循，有制可依。

经过无数次的探求和摸索，以及锲而不舍的归纳与整理，他们制定了“一看、二排、三确认、四监视”值班员接发列车操作制度、“一喊、二看、三指、四扳”扳道员作业操作方法等共计 12 项制度、3 项办法。这些制度和办法，有的纳入原铁道部《中间站管理办法》，成为全路技术业务标准。

这是岳光亚对小东站的贡献，也是小东站人对新中国铁路的贡献。1956 年 3 月 25 日，他代表小东站出席了全国铁路群英会，受到毛主席等中央政治局领导的接见。

★沈有清

小东站副站长

沈有清，中国共产党党员，生于1933年10月。1950年11月，沈有清作为一名铁路职工，随志愿军走上了抗美援朝战争的前线。两年多的时间里，他在战火硝烟中接送伤员、运送弹药、抢修铁路，经受了生与死的考验，光荣地加入了中国共产党。

1953年12月，沈有清凯旋归国，善良淳朴的他没有居功自傲，更没有向组织伸手，在组织分配工作时，主动选择回到小东站当扳道员。

1974年，沈有清受组织选派，远渡重洋参加坦赞铁路工程建设，当上了一名“洋站长”。在赞比亚，尽管语言不通，可沈有清踏实、认真的工作态度没有改变，一切工作都按照小东站的“打法”进行。

1976年9月，沈有清完成援外任务后，依然不居功不自傲，愉快地服从组织安排，卸下“洋站长”的职务，又重新回到小东站当起车站值班员。

1981年，段领导把小东站副站长的担子交给了沈有清。身为副站长，不但要顶岗倒班，站长不在时，他还要负责全站工作。

沈有清二话没说就接下了这副重担，一直干到退休。

“党叫干啥就干啥，干啥就要干好啥”，沈有清一辈子都用这句话践行小东站人的信念，听党话、跟党走。

★刘国全

小东站扳道员

刘国全，中国共产党党员，生于1917年7月，小东站第一代扳道员。“小东精神”的表述正是源于刘国全对安全的心得。

刘国全是旧社会长大的苦孩子，小东站恢复运营就来到了车站，怀着对党对新社会的感恩之情，他始终一心扑在工作上。那时，干扳道员工作责任很大，每接一趟列车都要扳动道岔，正确地准备接车进路。刘国全为了道岔润滑、密贴，总是把每组道岔的尖轨、滑床板、转辙器擦得像镜面似的，保证滑动顺畅，严丝合缝。特别是扳动道岔时，他坚持让转辙器横竖两个拉刀口对得分毫不差，确保尖轨、基本轨完全密贴，臂板信号状态良好，并仔细确认进路无误后，才放行列车。

一次工作总结会上，站长岳光亚让他讲一讲保安全的体会，他脸憋得通红，想了半天才说道：“我可有啥说的，就是扳道时一压到底，横竖两个拉刀口对准，保证一点不差，差一点也不中呗！”

这看似刘国全不经意的一句话，却点破了铁路运输安全的真经，道出了那个年代铁路人特有的标准意识和行为自觉，也正是这极为普通的一句话，成为小东人一致认定、共同遵守的行为准则，成为沈阳铁路乃至中国铁路发展史上一个夺目的精神坐标。

★刘　冰

小东站现任站长

刘冰，中国共产党党员，生于1985年11月。无论是在工人岗位，还是在管理岗位，他都始终如一地刻苦学习和钻研，技术业务水平不断提高。他凭借自己高超的技术业务能力成为沈阳局集团公司职业技能竞赛的一名兼职教练员。

刘冰是小东站线路边长大的“铁三代”。小时候，母亲在小东站工作。在母亲的影响下，从小就深受小东精神的熏陶。长大以后，他如愿以偿成为一名小东站人。从此，下定决心，要接好老一辈小东站人的班，做一名合格的小东站人。为了实现自己的理想，他开始从技术规章和“部标”学起。每天规章不离手，即使回到家里也丝毫没有放松过。他把“故障法”的小条揣在口袋里，每次走到哪就带到哪学到哪。他知道要想成为“小东站人”，就必须付出超出常人的努力。

功夫不负有心人，经过一番勤学苦练，刘冰在沈阳局集团公司第十九届职业技能竞赛中，夺得半自动闭塞组第一名，荣获“技术状元”称号；在沈阳局集团公司二十二届职业技能竞赛中，获得中间站长组“技术标兵”荣誉称号；在沈阳局集团公司《技规》“一口清”大赛上，夺得参赛专业干部第一名。

主讲人：中国铁路沈阳局集团有限公司党校教研部主任　李　强

资料来源：中国铁路沈阳局集团有限公司党委宣传部

中国铁路沈阳局集团有限公司阜新车务段党委

05

铁路红色基因

第 五 讲

福生庄精神

以“不走样”精神铸牢安全之路

用坚守和奋斗谱写新时代凯歌

很难想象一个名不见经传的小工区竟创造了一项令人叹为观止的纪录，保持了72年安全无事故。更难想象在漫长的历史岁月里，几代职工围着两股钢轨，传承“不走样”精神，坚持安全为天，严格遵守规章，不断勤奋学习，崇尚苦干实干，打造团队合力，挑战自然，战胜自我，在安全征程中谱写了一曲激昂奋进的凯歌。

扫一扫，收看慕课

福生庄线路工区隶属于中国铁路呼和浩特局集团有限公司集宁工务段，于1948年8月21日成立，自成立起就担负着京包铁路干线咽喉要道的养护维修任务，迄今为止，创造了72年无事故的优异成绩，安全天数居全国铁路干线线路工区之首，成为载入共和国铁路史册的一个光荣纪录。在此期间，获得了全国五一劳动奖状、全国学习型先进班组、铁道部先进集体、火车头奖杯等400多项荣誉。

福生庄的“不走样”精神彰显着一代又一代铁路职工热爱祖国、服务人民、奉献社会的优良传统，折射着铁路职工敬业爱岗、努力学习、勇于担当的高尚情操，展现出铁路职工安全第一、严守规章、永不走样的职业追求。

★福生庄精神的历史渊源

走进福生庄线路工区的大门，直入眼帘的就是墙上“不走样”3个大字，为什么要把这3个字放在工区最醒目的地方？它在提醒什么？福生庄的职工讲道：“福生庄人的眼里不揉沙子，对标作业永远‘不走样’！”换句话说，“不走样”就是福生庄精神的内涵实质。

“不走样”究竟起于何时，第一个提出的又是谁？通过几代人的追踪发现，第一个提出这口号的是福生庄第一任工长孙丑二，他经历过日本侵华、国民党统治和新中国建立，是铁路时代变迁的亲历者。解放前，社会动荡，散兵游勇、敌特土匪、豺狼野兽在这一带经常出没，他带领17名养路工忠诚守卫着这段铁路，积极投身“抢修铁路、恢复通车、解放绥远”的斗争中。

新中国成立的那一天，孙丑二这样讲道：“今天是个好日子，我们应当记住今天，我们的新中国成立了，我们就像没娘的孩子，总算找到亲娘了。过去日本鬼子、国民党欺负我们，我们受够了那些气。从今天开始我们做工干活决不能像给日本人、国民党干活那

↑解放初期福生庄工区第一代养路工们

样磨洋工、瞎凑合。以后不论干啥都不能走样，因为这是我们自个儿家的铁路。”传承至今，孙丑二的原话究竟是怎样已经不重要了，他自己都没有想到，他提出的“不走样”这个口号已获得了几代人的认同。

铁路的养路工作难，而在福生庄工区养路就更难。难在什么地方？首先，它的自然条件差，防灾抗灾能力弱。从地理位置来看，它处于内蒙古阴山山脉深处，线路随山而行，著名文学家冰心先生，在她的《平绥沿线旅行记》中，对福生庄有这样的记载：“过福生庄站以东，山水奇伟，断岸千尺，河水萦回。车道即紧随山回路转处，曲折而前，时有深黑的悬崖，危立河畔，突兀之状，似欲横压车顶。”工区处于三面环山的风口，夏季酷暑难耐，冬季严寒刺骨，春秋风沙不断，冻害、水害常年发生。其次，难在线路复杂上。双线 24 公里的铁路，仅曲线就有 30 处，最小曲线半径只有 374 米，最差瞭望条件不足 100 米。所以，这一区域钢轨的使用寿命还不足其他干线的四分之一。线路 3 天不养护就有晃车现象，工作量是其他干线区段的 3 倍还多。后来，随着铁路电气化的改造，著名的卓资山弯道被取直，新建了卓资山隧道、福生庄隧道。第三，难就难在列车密度大，线路基础磨损严重。这里是内蒙古物资出入的黄金通道，是连接华北、西北的咽喉，过去线路通过客货列车有 200 多列，仅 5000 吨和 10000 吨的煤炭重载货车就有 36 列，如今作用更加凸显，每天通过万吨大列 30 列，货车有 200 列，是一条非常繁忙的运输线。

艰苦的工作环境，严格的管理标准，无私奉献的工作热情，第一代前辈在创业过程中铸就了“执行规章制度不走样”的优良传统。它源于特殊的年代，是中华民族奋斗、自强不息的优秀品格在铁路发展事业中千锤百炼的结晶。在这样险峻的自然环境和复杂的线路条件下，不论线路设备、人员发生怎样的变化，“不走样”精神始终在保持、在延续，“让通过的列车永远安全”已成为几代福生庄人的坚持和守望。福生庄精神就是在这样的环境下孕育产生的。

★福生庄精神的内涵

福生庄代代相传的“不走样”精神，包含安全为天的主人翁精神、严守规章的求实精神、勤奋学习的进取精神、苦干实干的奉献精神、和谐共进的团队精神 5 个方面，既是铁路工匠精神的生动具象，更是初心使命的具体体现，其中深藏着格物致知、诚意正心的生命哲学，蕴含着技近乎道、超然达观的人生信念。

☆安全为天的主人翁精神

安全生产是铁路永恒的主题。72 年来，尽管时代、环境、人员发生了很大变化，但几代福生庄养路人对安全高度负责的精神始终没有变。第一代福生庄养路人把热爱党、热爱社会主义的感情化作保安全、保畅通的巨大动力。当时为了保证线路安全质量，用的是“大揭盖”清筛捣固作业方式，就是把两根钢轨下面的石砟全部掏空，然后再进行起道、回填石砟和人工捣固。这种作业的优点是对线路清理比较彻底，但是消耗的体力也是非常大的。当时的福生庄人讲“是共产党让我们当家做了主人，不能给共产党丢脸”，正是靠着这样的精神，1952年他们第一次获得了铁道部先进集体荣誉称号。从此以后，安全为天的主人翁精神深植于福生庄人的心中，成为他们扎根山区、艰苦奋斗的灵魂。也正是因为如此，老一代福生庄人献了青春献子孙，同一个工区、同一个工种子承父业、兄弟同工，这样的例子比比皆是。

张富是福生庄第一代养路工，虽然不识字，但早已把“安全”两个字刻在了心上，他说两根钢轨就是自己的孩子，巡道的时候心、手、眼全部在道上，哪怕是一丝一毫的异常都逃不过老人的火眼金睛。他和工友们最常说的一句话就是：“我是放羊出身，只要瞭一眼羊群就知道哪只羊在、哪只羊不在，如今干起了铁道营生，越发得心细一百倍了，一丝一毫的差错都不能有，安全比天大！”

张富的儿子张顺喜自小就看着两股道上的火车循环往复，他和父亲一样，都没出过这山坳子，他曾经暗暗地想好好念书，有一天能到山外面的世界去看看。20岁那年，因为铁路照顾老职工，张顺喜就在父亲恋恋不舍的目光中接过巡道袋，扛起巡道锤，满怀对铁路的热爱，循环往复地守护起了这24公里铁道线。有一天张顺喜在巡道时被货车甩下的煤块儿砸到了腰，他硬是忍着疼痛爬回工区。父亲没给他留下啥值钱的，可教会了他牢记安全作业规程。父亲曾用干涩有力的大手拍着儿子的肩膀说：“咱不求有功，但必须无过！铁路无小事，丝毫的差错都是人命关天的呀！”

张成龙是福生庄第三代养路工，1980年，他接过爷爷、爸爸手中的养路工具成为一名福生庄人。他常听爸爸讲爷爷当年是在怎样艰苦的条件下保安全、不违章的。爷爷去世前，话已经说不出来了，还艰难地对准备请假要在身边伺候他的儿子张顺喜摆手，张顺喜明白，这是让他上工去。后来，张顺喜常常对儿子张成龙说："那天要是不出工，爷爷心里一定不安生。要记住爷爷的话，工区就是咱的家，安全是命根子，保安全就是报答党，爱路就是爱国。"所以，张成龙来到工区的第一个想法就是要像爷爷和父亲一样，成为一名合格的福生庄人。当时，正赶上铁路大建设时代，面对安全隐患大、项目繁多的各项施工，张成龙深居大山，忍受着寂寞，坚持作业纪律"不走样"，出色地完成了每一项施工任务。

在福生庄工区，像张成龙一家人这样，像守护生命一样守护着铁路的"铁路子弟"还有很多。面对巨大的安全压力，张成龙和新一代的工友们一丝不苟、精益求精的较真作风，安全为天的主人翁

⊕ 福生庄第三代巡道工张成龙

精神，并没有随着时间的推移变形走样，而是逐年积淀成个人的自觉行为规范，继而在整个工区形成氛围。

☆严守规章的务实精神

福生庄人不违章，违章就不是福生庄人，这成为福生庄 72 年来执行规章不走样的铁法则，靠的就是“不走样”的传统和坚持不懈与各种麻痹思想和违章做斗争的精神。这条标准在工区特有的责任连带追究制度的约束下延续至今：凡有违章发生，除处罚违章者本人，在场所有人员负有监督责任，工班长负有管理责任。工区仅有的一件严重违章指挥受到的处罚，至今令人难忘。20 世纪 80 年代，班长楚大方擅自违章把现场作业领班起道权交给别人，由于技术不过硬，造成道量超限，发生晃车，工长报请车间撤了楚大方的

福生庄养路工一丝不苟回检线路

班长职务。严格管理，连带责任机制，确保安全，遵章守纪，成为每名职工共同的愿望和利益。强烈的责任意识形成强大的磁场，磁化着每个人的行为，从而形成了违章作业人人喊停的氛围。

福生庄工作标准精细且严格，细化到了每个人和每个作业环节，标准精确到了按毫米计算。刚到福生庄工作的人，都要接受这样的教育：细节决定成败，百分之一的失误就有可能导致百分之百的失败。福生庄人对工区还有一个爱称，就是“1435 研究所”。1435 毫米是两根钢轨间的标准距离，如何让轨距永远保持 1435 毫米不走样，这是每一代福生庄人都在研究的课题。《铁路线路修理规则》中规定，时速小于或等于 120 公里的正线轨距允许管理偏差值为“+6、–2”，可第二十任工长孟志成是个完美主义者，非要“吃螃蟹”挑战极限，大胆提出了“+1、–1”的标准，比《铁路线路修理规则》要求高出一大截。为了达到这个高标准，职工们把轨检车波形图、轨检仪数据和静态检查数据有机结合起来，科学分析，对症下药。2016 年，工长王明星带领职工进行线路养修作业，作业完毕，工长回检时发现一处轨距超出规定值 1 毫米，要求立即返工。“不就差 1 毫米吗，没什么大不了的。明天再干吧。”刚来工区的青工小张嘀咕道。“差一点儿也不行，几十年‘不走样’的传统，到你这儿就要破例？！”工长话音未落，职工们已红着脸开始了线路纠偏作业。

就是这样的日复一日，年复一年，养路工们认真巡查养护这 24 公里线路的 44160 根轨枕、176640 套扣件和螺栓，几代职工严格执行，坚持做到检查不检查一个样、活多活少一个样、好干难干一个样、天气好坏一个样、从始至终一个样，形成了一丝不苟、严守规章、精益求精的作风。现在，工区全体职工继续发扬“不走样”的福生庄精神，认真落实把标准养成习惯、让习惯符合标准的安全理念，不断刷新安全生产新纪录。

☆勤奋学习的进取精神

老一辈福生庄的职工常讲：“我们容得下文化水平低的人，但容不下不学习的人。”从工区成立那天起，一代又一代福生庄人学中干、干中练，技术业务素质不断提高。老工长索进祯介绍，在20世纪五六十年代，工区针对文盲多的特点，号召拿着字典学规章，带着规章上现场，遇见不懂的问题就记在小本子上，下工回来相互切磋，这样的小本子全工区人手一册。七八十年代，工区搭起练功台即今天的练功场，供职工学习基本技能，坚持半年一次小比武活动，一年一次大比武活动。与此相结合，工区长年坚持“一日一题、一周一课、一旬一练、一月一考”，每天利用出工前1小时，收工后1小时，组织大家学文化、学技术，谁文化高、技术高就让谁当“先生”。如今，“勤奋学习的进取精神”是福生庄养路人适应新时代，实现新跨越，确保安全生产的动力所在。繁重的工务工作看是一项粗活儿，但实际上它是一项精确到以毫米为单位的细营生。特别是近年来新技术、新设备的不断应用更是对福生庄人提出了挑战。

现在高校毕业生已成为工区的主力军，占比80%以上，他们学文化、学技术的积极性更加高涨，下班回来许多职工一手端着饭碗，

福生庄线路工区的职工互帮互学，达到“一口清”“一手精”

一手拿着书本，有时为了一个技术问题争得面红耳赤。职工图书室总是人最多的地方。有人问过他们：“现在年轻人都追求时髦，都追求享乐，你们怎么还待在大山里学这些？”有职工回应道：“学不到技术，没点真本事，在这里会被人看不起。”不怕文化低，就怕不学习，这是福生庄几代人认准的一个道理。所以，在这里，“一口清、一手精、问不倒、难不住、干得好”已经成为每个职工的必达标准。

福生庄线路工区安全技术的传承源于一代又一代职工心与心的融汇、口与口的教授、手把手的传递。每一名老职工的口中常挂着一句话：“只要‘苗子’好，不管是谁，我都传！”燕文轩 2012 年从哈尔滨铁路职业技术学院毕业后来到工区，最初用单口扳手紧固螺栓扣件时，因为不得要领，用力不当，常发生扳手闪脱碰撞膝

⊕ 2007 年福生庄线路工区被认定为“全国学习型先进班组”

盖的事情。晚上入睡前，他摸着红肿的膝盖抱怨自己没有认真听师傅对技术操作的讲解。这时，师傅就会趁热打铁，细心解释安全规章、技术要领，小燕很快就记住了这些枯燥的业务理论知识。

和燕文轩一同入路的于洪彬很是疑惑——师傅韩永红趴在钢轨上似乎随意一瞄，就能瞄出这段线路的钢轨水平面高低几毫米；站在线路中间往前一看，就知道方向左偏、右偏多少度。这种“神奇”的技能吸引着他，让他如痴如醉。韩永红主张先教徒弟基本知识，再让徒弟上手干活儿，有了扎实的基本知识，实际工作中才能少走弯路。同时，也只有在实践中才能更好地理解和验证理论知识，再加以不断地琢磨、总结经验，就能快速进步。于洪彬按照师傅的教诲，从安放扣板、加装拉杆这些基本作业中寻找规律和诀窍。长时间跪在钢轨上看轨面，于洪彬的两个膝盖磨起了厚厚的茧子。短短半年，他的清筛、换枕等作业技能就赶上了老职工。

2007 年，福生庄线路工区被认定为“全国学习型先进班组”。在福生庄的发展历程中，先后培养了 84 名管理和专业技术人员，曾经一次就提拔了 7 名工人成为工长，并安排到其他工区，这里也成为人才成长的摇篮。

☆苦干实干的奉献精神

福生庄工区自然环境艰苦，管辖线路复杂，工作量日益加大。干线上见不到的曲线拉杆，但这里就有 2800 多根，一年需要换的大小胶垫要用大汽车拉三到五趟。与别的工区相比，福生庄线路工区的忙，不是用倍数可以计算的。72 年来，随着列车速度的不断提高、载重不断增加、密度不断加大，工区的养护维修任务越来越重。工区的职工们从来没有怨天尤人，始终以顽强拼搏、艰苦奋斗、苦干实干的精神状态，保证了京包干线大动脉的畅通无阻。2003 年 11 月，工长郑云典接到断轨抢修通知，立即集合了 4 名职工，带齐工具开车前往断轨处。当时路上积雪达 1 尺多厚，行驶到冰河时，汽车前轮陷入半米多深的冰窟窿里，郑云典带着职工跳入冰冷

↑ 第 29 任福生庄线路工区工长郑云典现场传授养路技术（右一）

的河水中去抬车，但是汽车纹丝未动。为了能够及时处理险情，大家也不管被冻得全身发抖，弃车背上工具就赶往1公里外的断轨地点，用最短的时间完成加固，解除了安全隐患。类似这样挑战生理和生命状态极限的事情太多了。

新一代福生庄人同样也传承着这样的苦干实干精神。27岁的赤峰小伙子苗友祥就是福生庄新生代的代表。2012年，从兰州交通大学毕业来到福生庄线路工区，成为一名线路工。刚开始心理落差非常大，一干完活回到宿舍，就会给妈妈打电话诉苦，但后来他逐步改变了认识。一个炎夏的中午，苗友祥刚刚整理完石砟回到工区，听到有紧急故障要处理，赶紧拿上工具和工友一起去现场排除故障，施工结束时他整个人都快散架了。这一次"脱皮掉肉"的抢险，让他一下子成长了："飞到哪儿不重要，脚踏实地站在那儿才重要，我感觉这里有一股劲吸引着我。"在此后5年的时间里，苗友祥在作业上勤于摸索和掌握新型养路工具的特征，不断研究线路维修规律，成长为工区骨干，当上了班长。

☆和谐共进的团队精神

福生庄养路人在共同奋斗中养成了团结友爱的风气。福生庄线路工区是一个与大自然顽强抗争的战场。这里虽然没有硝烟，但随时都面临意志、勇气、毅力的极限考验。福生庄南、北、东三面环山，到冬天时，一刮西北风，风进得来，但出不去，没在这里待过的人根本体会不到这里的冷。自然条件恶劣、养路工作本身的单调决定了工区生活环境的艰苦，但在养路人眼里，福生庄就是一个温暖的大家庭。几十年来，相互关爱、和谐共进的团队精神激发了福生庄人的斗志，凝聚着福生庄人的力量。如今已在内蒙古自治区美术家协会小有名气的巡道工郑云飞，工作之余倾心描绘福生庄工区周边的山山水水。他的山水画《高塬新绿》获得了全国青年画家作品一等奖，还在日本、韩国巡回展出。宜兴一家紫砂壶厂的老板想聘他去当画师，郑云飞回答得很干脆："是福生庄的山水给了我创作的灵感，我的根、我的快乐就在这儿。"在这里，工区是大家庭，工友是亲人，公事是家事，工区的大事小事都由职工民管会决定，评选先进、奖金分配，件件事公开透明。职工的主人翁意识和民主意识不断增强，和谐氛围日益浓厚。奋发进取的团队精神，凝聚成"站在排头不让，手握红旗不放"的争先创优品格，激励着职工们创造了一个个辉煌业绩。

★传承和弘扬福生庄精神的现实意义

习近平总书记指出，"精神是一个民族赖以长久生存的灵魂，唯有精神上达到一定的高度，这个民族才能在历史的洪流中屹立不倒、奋勇向前。"同样，铁路的发展也离不开深层次的精神支撑。坚守"不走样"的福生庄精神是推动铁路快速发展强大的精神动能之一。

当前，安全生产考验大，运输经营任务重，改革发展难题多，正需要这样一股"不走样"的精神力量，披荆斩棘，共渡难关，谱写发展美好篇章。

☆坚守铁路人初心的生动体现

习近平总书记强调“良好的精神状态，是做好一切工作的重要前提”，要求解决好能力不足“不能为”、动力不足“不想为”、担当不足“不敢为”的问题，以奋发有为的状态、敢闯敢试的斗志、开拓进取的精神引领发展。福生庄工区代代相传的“不走样”精神，就是这样一种良好的精神状态，它是工匠精神的生动具象，更是初心使命的具体体现。

这个初心是什么？就是人民铁路为人民。中央有号召、铁路有行动，是中国铁路的优良传统和红色基因。福生庄“不走样”精神也正是源起于此。他们把“让通过的列车永远安全”作为几代人的坚守。作为新时代铁路人，传承“不走样”精神，就要坚定我们的信念不走样，坚守“人民铁路为人民”的宗旨不走样，搞清楚“为了谁”“依靠谁”的问题。对于每名职工而言，就是要树立把自己的“小我”融入企业的“大我”、人民的“大我”的高度自觉，既要抱负远大，也要脚踏实地；既要锤炼高尚品德，也要躬身践行；既要提升能力素质，也要保证身心健康，这样才能成为铁路各项事业发展的建设者和接班人。

☆铁路人敢于担当的先行本色

铁路干部职工队伍是一支特别能吃苦、特别能战斗、特别能奉献、特别守纪律的优秀队伍，福生庄精神生动诠释了这一点。想要继承和发扬福生庄精神，就要在工作中不断磨炼担当精神和奉献精神，要做到“平时看得出来、关键时刻站得出来、危急时刻豁得出来”。平时看得出来，就是在日常性的工作中，要干得主动、干得积极、干得漂亮，不拖拉、不推诿、不懈怠，认真干好每件小事；关键时刻站得出来、危急时刻豁得出来，就是坚守在一线，面对困难和危险毫不退缩。比如这次新冠肺炎疫情防控，坚守在一线岗位的职工有的身穿防护服头戴护目镜，为进站上车的旅客进行测温检查；有的细心安排旅客座位，确保安全距离，并把盒饭送到旅客手上；有的想尽一切办法，夜以继日地将防疫物资以最快速度运送到最需要的地方。正如网友所言：“看到你们奔跑的速度，看到你们在抗疫一线汗湿衣衫，看到你们脸上深深的勒痕，第一次觉得‘崇高’一词如此之近。”这就是担当，就是铁路人的先行本色。

☆发扬不懈奋斗、永久奋斗的光荣传统

传承福生庄精神，要发扬福生庄的不懈奋斗、永久奋斗的传统。对于铁路职工而言，一是要将刻苦学习作为成长进步的阶梯。树立终身学习、时时学习、事事学习的理念，在学习中增长知识、锤炼品格，在工作中增长才干、练就本领，把握“纸上得来终觉浅，绝知此事要躬行”的原则，用学习奠定人生的牢固根基。二是要把实践作为永葆奋斗激情的舞台。新时代铁路人要吃苦在前、享受在后，面对铁路发展前进道路上的困难和考验，发挥主动性和创造性，逢山开路，遇水搭桥，敢啃硬骨头，敢涉险滩，解决好不断出现的新问题、新矛盾，为实现交通强国、铁路先行目标任务，开启社会主义现代化国家新征程贡献自己的力量。

福生庄精神典型人物

★孙丑二

集宁工务段福生庄线路工区
第一任工长

孙丑二，中国共产党党员，生于1899年。1948年8月初，伴随解放京绥西段炮火的迅猛推进，垂死挣扎的国民党军队几乎在同一时刻对卓资山、福生庄、义丰、三道营几个站区的铁路设施进行疯狂破坏。

为配合人民解放军的进军步伐，京绥西段铁路工人展开了针锋相对的“抢修铁路、恢复通车、解放绥远”的斗争。为尽快恢复被破坏的线路通车，按照京绥西段管理处党组织的要求，迅速抽调得力人员前往各站区组织抢修工作。当时，线路技术功底扎实的共产党员孙丑二被派往线形条件复杂，破坏程度严重的福生庄工区担任工长职务。

孙丑二到任后，立即对百废待兴的福生庄工区进行整治，并带领骨干人员对线路情况、破坏程度进行摸底并组织抢修。人员不足，他们就动员周边村民参加；没有铁轨，他们就四处搜集杂型铁轨替代；没有石砟，他们就自己上山采石。在20多天的时间里，孙丑二率领养路职工和村民填弹坑、修桥涵、铺铁轨，提前完成福生庄工区线路区段的通车任务。

之后，在路料奇缺、粮食不足、环境艰苦的情况下，他带领职工发扬连续作战精神，把刚恢复通车时的时速 15 公里提高到 40 公里，为加快绥远、包头的解放步伐提供了安全运输保证。

1952 年，工区第一次获得了铁道部先进集体称号，这莫大的荣誉激励着福生庄人，也使他们将“向党报恩”的朴素感情升华成“安全为天的主人翁精神”。

★张义明

集宁工务段福生庄线路工区巡道工

张义明，中国共产党党员，生于 1940 年。1965 年参加工作，1967 年来到福生庄线路工区，1993 年调离。家在河北雄县的张义明在福生庄线路工区度过了 25 年的巡道生涯，从没误过一次班、漏报过一次隐患，先后发现事故隐患 400 多处，防止重大事故 5 次。

自从来到福生庄线路工区，张义明始终坚持“踏踏实实干活，本本分分做人”。由于离家太远，年年春节他都守在工区，干巡道工的 25 年，回家的日子加起来还不到 2 年，3 个儿子出生他都没在身边。为了干好工作，张义明熟记《铁路工务安全规则》《铁路技术管理规程》，总结出了一套“听声辨音”手工检查钢轨病害的方法，做到了管内线路情况了然于心，仅凭病害特征就能确认线路区段，被大家称为“活地图”。1988 年 6 月，在全局举办的技术表演赛中，他仅用 2 分钟就画出了管内线桥设备图，取得了第一名的好成绩。

20 世纪 80 年代，福生庄经常遭遇大风雪天气。一次，张义明在巡道中发现断轨，眼看一列货物列车即将通过，他顶着风雪、手举手信号，终于在断轨处前方拦停了列车，避免了一起可能发生的列车颠覆事故。呼和浩特铁路局专门发出通报，号召全局干部职工向张义明同志学习。

1991 年，他获得全国五一劳动奖章。

★郑云典

集宁工务段十八台线路车间党总支书记

郑云典，中国共产党党员，生于 1963 年 10 月。1999 年 1 月 5 日，郑云典成为福生庄线路工区第 29 任工长。2005 年获全路技术能手等荣誉。

郑云典是土生土长的福生庄工区人。1981 年起，郑云典在家门口从养路工干起，后来当了班长、工长，一路兢兢业业，任劳任怨，他始终牢记安全大于天的主人翁精神，面对急难险重任务总是冲在前、干在先。2005 年 1 月，一次抢险修复后，郑云典和另外两个工友蹲守观察线路碾压变化情况，在零下 30 多摄氏度的寒夜中蹲守了一个多小时后，手脚失去知觉，身体不停颤抖。

抢险要快，管理要严。郑云典工作中认真总结工作经验，完善管理和作业标准，工区管理考核办法严格到每一个管理环节、作业细节，推进了班组的科学化管理。

围绕安全生产疑难问题，他带领职工积极开展技术革新、课题攻关，成功推广“尼龙套降温作业法”，点焊冷却焊复技术成效显现，还先后完成胶粘接头加力扳手、岔枕大螺栓加力扳手、拉杆加力扳手等机具的改进和伤损铁垫板的焊复。

★赵　军

集宁工务段卓资山线路车间党总支书记

赵军，中国共产党党员，生于1972 年 8 月。1995 年参加工作，

2006 年 2 月，赵军成为福生庄线路工区第三十任新掌门。

作为福生庄线路工区铁人班长赵树生的儿子，赵军从小耳濡目染，立志要像父亲一样，严格执行规章制度，成为一名合格的福生庄人。参加工作不到半年，各项技术活他都能拿得起来、干得到位，成为工区独当一面的业务骨干。

2007 年，正值第六次大面积提速调图，京包线运量剧增，大量新设备投入使用。针对工区曲线多、坡度大、线路磨损严重的情况，赵军带领职工喊出了“宁可脱皮掉肉，也要保障畅通”的口号，这期间，他针对性总结出“起、拨、改”三位一体作业法，并安装地锚拉杆，提升了线路测量精度，实现了线路病害的综合整治。工区管内线路连续 3 年静态检查全优。

火车要提速，职工更要提素。赵军请老师傅讲解病害整治经验、向大学生学习电脑使用知识、向段技术人员学习新设备的使用方法、聘请专家到工区讲解有关提速调图的新知识，在他的带领下，工区形成了浓厚的学习氛围，先后有 8 名职工自学拿到了大专学历，工区也荣获内蒙古自治区“学习型班组”称号。

2007 年获铁路青年五四奖章、2008 年获火车头奖章等荣誉称号。

★刘 剑

集宁工务段福生庄线路工区
班长

刘剑，中国共产党党员，生于1993年3月。2018年8月1日，入路不满2年的刘剑成为福生庄线路工区的班长，作为工区的一员，刘剑自觉传承工区“不走样”精神，为续写工区安全生产传奇贡献青春。

工区管辖的岔区设备复杂、基础薄弱，而且受高密重载列车冲击，病害频发，整治达标耗时费力。刘剑偏不信邪，决定开展技术攻关。他刻苦钻研岔区设备整治要领，三番五次到实训基地模拟演练，成功摸索出一套卓有成效的整治方法，将管内4组合格道岔打造成优质道岔。

2020年6月5日，刘剑在京包线巡检道岔时，发现福生庄站8号道岔岔根接头直向夹板双侧折断，随时有列车脱轨的隐患，他立即上报调度指挥中心，及时与工友取来新夹板和工机具进行更换，防止了事故的发生。担任班长以来，刘剑共防止钢轨、鱼尾夹板裂纹等隐患15起，查堵各种线路设备隐患270余起。

2019年获“全国铁路青年岗位能手”，获呼和浩特局集团公司“先进生产（工作）者”、2020年获“全路爱岗敬业好青年”、获呼和浩特局集团公司“精彩呼铁·年度人物”“优秀共青团员”等荣誉称号。

主讲人：中国铁路呼和浩特局集团有限公司党校理论教研室副主任　张　娜

资料来源：中国铁路呼和浩特局集团有限公司党委宣传部

中国铁路呼和浩特局集团有限公司集宁工务段党委

06

铁路红色基因

第　六　讲

成昆精神

弘扬成昆精神

永做铸道先锋

成昆铁路建成通车，与美国宇宙飞船登月、苏联第一颗人造卫星上天被称为“象征二十世纪人类征服自然的三大奇迹”。50余年波澜壮阔，50余年风雨兼程，砥砺奋进的成昆铁路，不仅成为西南地区经济社会发展的大动脉，大山深处人民群众追求美好生活的幸福线，更孕育出了“坚守实干、创新争先”的成昆精神，成为新中国辉煌成就的象征，树立起了铁路人为之骄傲、接力前行的精神丰碑！

扫一扫，收看慕课

成昆铁路于1958年7月开工建设，1970年7月1日建成通车，北起成都，南迄昆明，全长1096公里，是我国第一条全线由内燃机车牵引的铁路，代表了当时我国铁路修建的最高水平，现为国家I级单线电气化铁路。

当年筑路大军以“为有牺牲多壮志，敢教日月换新天”的气魄，今日铁路人以“治山斗水保畅通，团结务实创一流”的斗志，创造了人类征服自然的伟大奇迹，铸就了“坚守实干，创新争先”的成昆精神。

回首成昆铁路走过的风雨历程，我们可以自豪地说，战斗在成昆线上的铁路职工没有辜负党和人民的期望，为社会主义建设史写下了光辉的篇章。

★成昆精神的历史渊源

成昆精神承载着铁路人的共同记忆、奋斗足迹和光荣梦想，历经岁月洗礼与实践磨砺而凝聚成型。

☆建设时期“为有牺牲多壮志，敢教日月换新天”，是成昆精神的历史源头

祖国大西南崇山峻岭连绵无垠，深涧密布激流奔突，地质条件极其复杂，号称“地质博物馆”“筑路禁区”。面对风云变幻的国际形势，新中国作出“三线建设”重大战略决策，成昆铁路走上了历史舞台。

1958年7月，成昆铁路开工建设，30万筑路大军齐上阵，万水千山摆战场，凭着“为有牺牲多壮志，敢教日月换新天”的大无畏精神，发扬“一不怕苦，二不怕死”的革命精神，顶烈日，冒风雨，跨激流，战险山，餐风饮露，出生入死。由于当时机械数量少，基

⊕1958年，成昆铁路开工，从四面八方汇集的施工队伍开赴成昆线建设一线

本靠人力，一杆风枪，一把铁锹，一辆推车，就是当时打隧道的工具。筑路大军高唱“为了祖国修铁路，越是艰苦越幸福”，有一百分的力气，要发挥一百二十分的干劲，以“只争朝夕”的精神大战成昆，经历了扳掉蔡家山、填平彭山站的青（龙场）吴（场）段，舍生忘死战“开建”、攻克隧道万米关的苏（龙）巫（百木）段，桥上制梁开先例、鸡毛也能飞上天的泸（沽）礼（洲）段，逢山开路、遇水架桥，以坚如磐石的意志、坚韧不拔的毅力、无坚不摧的气概向大山深处勇猛挺进，汇就了一部恢宏壮阔的中国“大三线”史诗，谱写了一首气吞山河的钢铁进行曲，铸造了人类铁路建设史上的奇迹。

☆运营初期“治山斗水保畅通，团结务实创一流”，是成昆精神的传承积淀

开路难，守路亦难。成昆铁路盘山绕水、穿云破雾，起于成都平原，逆大渡河、牛日河而上，以沙马拉达隧道穿越小相岭，沿孙水河、安宁河下至金沙江峡谷，再溯龙川江上行至滇中高原。全线

⊕ 1970 年 7 月 1 日，举世瞩目的成昆铁路全线建成通车大会在西昌隆重举行

成昆铁路利子依达隧道施工

有桥梁991座、隧道427座，桥隧占全线总里程的40%。在这样艰险的环境下，成千上万的有志青年响应党的号召，主动放弃了留在大城市和条件优越铁路单位的机会，有的举家迁移，有的离妻别子，义无反顾地从祖国的四面八方奔赴荒僻的成昆铁路。他们的日常生活也是举步维艰，当时是“先生产后生活，先治坡后置窝”，成昆人面临“吃水难、吃菜难、用电难、住房难、出行难、就医难、入学难、恋爱难”的八难问题。“金江的太阳，马道的风，普雄下雨如过冬，燕岗打雷如炮轰”，艰难的生活环境和恶劣的自然条件时刻考验着成昆人。

成昆人面对一次次地质灾害，没有退缩，不屈不挠勇敢冲锋；面对一次次险象环生，不言放弃，誓死捍卫和坚守，筑就起坚固的护路屏障，确保成昆铁路安全畅通，打破了外国专家“十年之后必将成为一堆废铁”的断言，再次创造了战胜自然灾害、管理运营好山区铁路的奇迹。1988 年，西昌铁路分局总结提炼出“治山斗水保畅通，团结务实创一流”的企业精神，得到了成昆人的广泛认同和切实践行。

☆新时期“坚守实干、创新争先”，是成昆精神的发展升华

2008 年“8・30”攀枝花强震发生后，成昆铁路在最短时间内恢复运营，完成了抗震救灾物资、抢险救灾人员运输等各项任务。2010 年，成昆复线建设全面展开，建设大军牢记使命、顽强攻坚，成昆铁路运营管理进入新时代。成都铁路局对成昆精神进行提炼完善，确定将“坚守实干、创新争先”作为成昆精神的核心要义和凝

⬆ 列车稳稳通过代湾泉水河大桥，新旧成昆交相辉映

成昆铁路运营管理进入新时代

练表述，让成昆精神有了鲜明的时代特征和活力，指引着新一代成昆人奉献担当，拼搏奋进，再创成昆铁路新的辉煌。

★成昆精神的内涵

“坚守实干、创新争先”是一代代成昆人守护的精神家园和鲜明的精神风貌。“坚守实干”是山区铁路安全畅通的基石，饱含着对党和人民的绝对忠诚，对艰难困苦不屈不挠的斗争精神，对铁路事业的执着追求；“创新争先”是山区铁路持续发展的动力，让成昆铁路为西南人民作出更多更大的贡献，在新时代焕发蓬勃生机。

☆坚守是成昆人奉献山区铁路崇高事业的鲜明底色

一代代成昆人始终将坚守奉献作为一种精神境界，在平凡中孕育非凡，在执着中实现升华。

在艰难困苦的崇山峻岭中坚守。深山小站，深涧危岩，巍峨高桥，山峦隧洞，处处都有他们无比坚定、紧张忙碌的身影。全国优秀党务工作者袁昌友带领党支部一班人把家安在条件最艰苦的瓦祖，以无声的誓言带领职工把他乡当故乡，把荒原当家园，鲜艳的党旗在大凉山迎风飘扬。

在寂寞平凡的岁月磨砺中坚守。几十年如一日，几代人如一人，只为看牢一块石，守住一个站，走好一趟车。香樟树做伴，将30

↑1990年3月2日，成昆铁路职工在公兴—普兴区间植树

⊕ 1991 年，成昆铁路职工坚守在乌斯河防洪看守点

年美好青春年华献给大山，是女看守工章显容最深情的奉献；扎根沙马拉达车站，为铁路奉献终身，是“铁四代”薛东旭最坚定的誓言；20 年值乘“驶向希望的小慢车”，服务彝族老乡，是女列车长阿西阿呷最朴实的夙愿。

坚守职责使命始终不渝。不管时代如何变迁，机构、人员如何调整，成昆人忠诚于党和人民，忠诚于铁路事业的初心和使命始终不变。先有 30 万筑路大军凭着一颗红心会战成昆，后有万千有志青年怀揣“好儿女志在四方，哪里需要哪儿安家”的雄心壮志扎根成昆，一生践行“人民铁路为人民”的不变宗旨。

⊕ 新一代成昆人的坚守

☆实干是成昆人确保山区铁路安全畅通的强大基石

一代代成昆人始终将团结务实作为一种工作品质，用点滴铸就伟大，用生命创造奇迹。

在一穷二白的条件下自力更生、埋头苦干。山区铁路无事不难、无处不难、无时不难。第一代成昆人“先生产后生活、先治坡后置窝”，大部分住在车皮里、棚子里、干打垒里，硬是咬牙勒腰、人拉肩扛，在荒山野岭拼出了一个个安全运输生产站段；以戴启宽为首的“第一代孤石人”发出了“开岩破石战天险，守山护路誓铮言”的呐喊。

在急难险重的考验前团结协作、攻坚克难。无数次治山斗水，不断敲打淬炼着成昆人的意志和能力，让成昆人更加顽强，更加团结互助、同心协力，先后战胜了 1980 年铁西车站山体滑坡、1981 年利子依达特大泥石流、2011 年白果至普雄区间严重水害、2018 年阿寨至白果区间泥石流、2019 年甘洛段高位岩体崩塌等一次次自然灾害。“凉山雄鹰”阿米子黑凭着“铁脚板”“土豆饭”，以顽强斗志在大凉山上塑造了铁路人大义为公的灼灼雕像。

在生死攸关的抉择中不怕牺牲、舍生忘死。成昆建设者有的鞠躬尽瘁、以身殉职，有的壮志未酬、血洒野岭，有的誓愿未了、英年早逝，他们用生命为成昆铁路奉献了一个深情而悲壮的奠基礼。铁道兵 5 师 25 团 5 营 22 连战士孙剑明在九道拐隧道制立模板时，大塌方发生，他和两名战友被砸在巨石下而牺牲，这时距成昆铁路通车只有两个多月。到了运营时期，成昆守护者同样面临艰巨的挑战，但他们没有丝毫放松懈怠。坠崖牺牲的孤石危岩小组第一任工长白清芝；近千名旅客生死存亡的紧要关头，果断撂下生命中最后一把闸的司机王明儒；暴雨突袭山洪暴发，用生命报警的张道松……他们诠释着什么叫成昆守护者的誓死捍卫。

↑ 第一代成昆人在简陋的生活条件下安营扎寨，忘我工作

⊙2019 年 7 月 9 日，泥石流冲入岩岱隧道，西昌工电段职工参加抢修

☆创新是成昆人推动山区铁路持续发展的不竭动力

一代代成昆人始终将科学创新作为一种发展理念，在大山深处探索前行，在挑战极限中持续跃升。

改天换地，勇于挑战，创造新奇迹。成昆铁路开局就是高标准，起步就是高起点。在没有经验借鉴、物资极度匮乏的条件下，广大建设者自力更生，发扬首创精神，采用全新的设计方案、施工技术和建筑艺术，13 项技术达到或接近世界先进水平，31 项技术领先于国内水平，在牵引动力、通信信号、线路上部建筑、桥隧土石方工程快速施工等四个方面取得了突破性进展。当时，关村坝隧道的施工进度创下纪录，党中央专门发来贺电，这在中国铁路建设史上还是首次。除了技术创新，还因地制宜利用传统技术，大大节约工期。为保证施工进度，避免施工误差带来不利影响，技术人员大胆采用中国传统石拱桥建造技术，建成了当时跨度最大的一线天铁路石拱桥，此后中国铁路再没有采用石拱桥来修建大跨度桥梁。成昆铁路经受住了大自然长期而严峻的考验，至今畅通无阻。

大胆实践，持续提升管理水平。1993 年，成昆铁路进行电气化改造，成为当时运用世界新技术和全国一流设备、设施最多的一条铁路。创新实施“车机联控”“暴风雨行车办法”，建立了“全员防洪、全年防洪、立体防洪、总体防洪”的“四防”机制，防洪工作实现了由定性到定量的转变，这一套机制被推广为成都局集团公司管理山区铁路的防洪机制；筑起了“工务巡道工、防洪看守工、

⇧成昆铁路（北段）电气化工程开工典礼

列车通过关村坝车站双线隧道

值班领导、车站值班员、行车调度员、机车乘务员和护路民兵协同防洪”的“七道防线”，成为确保成昆铁路安全畅通的“坚固防线”。运用无人机航拍、3D 建模、微小位移监测及光纤光栅灾害监控系统等高新技术手段，有效提升了防洪能力。把双机重联进一步发展为双机推挽和三机推挽运行，推行“规划型全程联网运营质量管理”，采用“二分格印线运行图”，有效提高了运输效率。

与时俱进，主动适应发展新时代。从最初克服“八难”，到如今“四车四工程”，成昆铁路沿线职工生活质量和幸福指数在创新中不断提升，为改善职工的物质文化、生活条件，稳定职工队伍，成昆铁路开展了安全线、生活线、文化线的“三线”专项建设；为改善沿线职工精神文化生活十分贫乏的状况，成昆线进行了长达40余年的职工文化设施建设，沿线设立西昌文化宫、峨眉地区、攀枝花地区俱乐部、电化教育站等，建起了段、车间、班组三级文化活动室。全面推广“互联网+”，运营管理信息化、智能化、自动化水平再上新高度。2010 年，成昆复线建设全面展开，成昆铁路站在新的历史起点，成昆人肩负新的历史使命，西南铁路正书写新的历史篇章。

☆争先是成昆人引领山区铁路拼搏进取的奋斗姿态

一代代成昆人始终将奋勇争先作为一种革命气质，勇挑时代重任，在前进道路上永不停息。

奋斗的“音符”——成昆铁路上的接触网工

⊕ 提升运营管理信息化水平

敢为人先，不甘人后。当年的建设者们分秒必争奋战攻坚，不断刷新施工纪录。运营时期面对自然灾害，成昆人“与时间赛跑、与灾害搏斗”，将国家和人民生命财产损失降到最低。成昆人没有因为条件艰苦就自甘落后、无所作为，而是奋起直追、争创一流。全国全面质量管理奖、铁路“安全千日奖杯”等集体荣誉至今熠熠生辉。

争当先锋，模范辈出。成昆线广大干部职工形成了勇往直前、力争上游的工作状态与精神风貌，涌现出“五大典型、十大标兵、一百名先进”等一大批在铁路乃至全国都很有影响的英雄模范、先进标杆和先进品牌。他们是奔驰在成昆线上的“火车头”，是集中展现成昆精神的先进代表，是永远飘扬在成昆线上的光辉旗帜。

负重前行，勇当先行。成昆线广大干部职工站在先辈们牺牲奉献的土地上，肩负历史的责任、秉持奋斗的初心，始终超常付出，守护“禁区”生命之路。在前行的道路上，有变化也有坚守。2020年1月9日攀枝花南站动车首发，成昆铁路迎来了动车时代，运营速度更高、发展更快。“小慢车”几十年来依旧以最低两元的票价服务大凉山人民，坚守人民铁路为人民的初心和使命。新时代的成昆人，立足岗位、拼搏奉献，不断开创西南铁路现代化发展的新局面，在交通强国、铁路先行伟大实践中，谱写“争创一流、西部领先”的时代凯歌。

担负成昆线运营管理的原西昌、成都铁路分局荣获国家质量管理奖

新一代成昆人团结奋进、砥砺前行

⊙火车开进大凉山

★传承和弘扬成昆精神的现实意义

成昆精神源远流长，是艰辛历程的文化积淀，需要我们永远传承弘扬；成昆精神历久弥新，是时代发展的升华凝结，激励我们永做铸道先锋。

☆传承铁路优秀文化的火炬

成昆精神在使命中诞生，在执着中升华，在奋斗中超越，记载着成昆人不怕山河艰险、无畏岁月考验的深深足迹，镌刻着他们舍生忘死、不怕牺牲的伟岸身影，烙印着成昆人用生命铸造的光辉历程，是中国铁路优秀文化的生动体现和具体诠释。学习弘扬成昆精神，就是让我们铭记先辈们的奋斗历程和伟大功绩，继承弘扬他们的精神品质，献身铁路事业，以奋斗之火点燃永续拼搏的斗志，照亮矢志前行的道路。

☆凝聚职工理想信念的旗帜

成昆精神饱含党中央的殷殷嘱托以及几代干部职工对党和人民的无限忠诚，彰显着各级组织强大的凝聚力和战斗力。一代代成昆人在艰难困苦面前众志成城，在祖国巍巍西南坚守实干，用自己朴实的情怀为这面旗帜增光添彩。学习弘扬成昆精神，就是要不忘初心、牢记使命，增强“四个意识”、坚定“四个自信”、做到“两个维护”，把理想信念融入铁路改革发展实践中，把先锋模范作用体现在日常工作中。

☆构筑山区铁路精神的要素

成昆精神积淀着成昆人最深沉的精神追求，蕴藏着山区铁路最根本的独特标识和奋斗血脉，是山区铁路精神最具代表性的有机组成部分。学习弘扬成昆精神，就是让我们深入了解山区铁路的厚重使命和鲜明特质，深刻体会铁路人独特的精神气韵和傲然风骨，凝聚成推动山区铁路高质量发展的强大精神力量。

☆续写西南铁路新篇的号角

成昆精神是成昆人在艰苦环境中，在平凡岗位上，从内心深处喊出的奋斗号子，跨越数十年的光阴，至今依然在崇山峻岭间回响。学习弘扬成昆精神，就是让广大干部职工吹响新时代的集结号，肩负起时代赋予的重任，聚焦党和国家的重大决策，紧扣铁路发展的中心任务，在推进铁路治理体系和治理能力现代化，实现高质量发展的新征程中，攻坚克难、奋勇向前，实现价值、圆梦人生。

今天我们学习成昆精神，就是让我们不忘本来、面向未来，倍加珍惜这份宝贵的精神财富，铭记先辈们的伟大功绩，继承和弘扬他们的精神品质，开拓进取、继往开来，汲取力量整装出发，踏着前辈的足迹接续奋斗，在强基达标、提质增效、节支降耗、改革创新的新战场上大展旌旗，在推进铁路高质量发展、建设社会主义现代化国家新征程中擂鼓勇进，让飘扬了半个多世纪的战旗更加鲜艳！

成昆精神典型人物

★王明儒

峨眉机务段一等火车司机

王明儒，中国共产党党员，生于1932年4月，生前为峨眉机务段一等火车司机。当年响应党的号召，从辽宁省海城市举家来到了成昆线。

1981年7月9日凌晨，暴雨导致成昆线上尼日站与乌斯河站之间的利子依达沟山洪陡涨，一股特大的泥石流，卷着数十吨、上百吨的巨石咆哮着倾泻直下，彻底冲毁了横跨沟上126米的利子依达铁路大桥。

当日1时41分，由王明儒机班担当牵引任务的442次旅客列车，从尼日车站正点开出。列车沿着14‰的下坡道，驶进了曲线半径为1000米的奶奶包隧道，而隧道口就紧连着断桥。1时45分，当列车驶至离洞口39米、离断桥70米距离时，全神贯注瞭望线路的王明儒和副司机唐昌华，敏锐发现了险情，王明儒果断采取了紧急制动措施……6秒钟后，2台机车和4节车厢跌落桥下，被滚滚的泥石流无情卷走，王明儒和机班另外3名同志光荣殉职。而身后8节车厢里的1000多名旅客得救，数百万元的国家财产免受损失。

1981年8月22日，成都铁路局党委追认王明儒为优秀共产党员。同年9月23日，四川省人民政府授予王明儒、唐昌华同志革命烈士称号。

★戴启宽

原乌斯河工务段
孤石危岩工区工长

戴启宽，中国共产党党员，生于1945年1月，原乌斯河工务段“孤石危岩”工区工长。

戴启宽在悬崖峭壁上工作了整整25年，爬遍了53公里管辖区域内的每一座山崖，给1000多块危石逐一编上号码，精心绘制了“孤石危岩系列图”，提炼出了简明实用的“搜山法”和“排除法”。25年来，戴启宽所带领的孤石危岩工区，连续保持9000天无任何责任事故，确保了南来北往的一趟趟列车安全通过大渡河谷最险恶的地段。

以他的名字命名的孤石危岩整治队成为中国铁路工人不畏艰辛、坚守奉献的典范。1978年工区被铁道部授予“防洪抢险先进集体”。1984年4月，戴启宽荣获四川省劳动模范称号；1985年获全国“边陲优秀儿女”银质奖章；1987年5月，获“全国安全生产能手”称号和五一劳动奖章；1987年9月获铁道部“优秀共产党员”称号；1989年被铁道部评为“全国铁路劳动模范”。如今，“戴启宽孤石危岩整治队”已经是全路闻名的党内优质品牌。

★阿米子黑

西昌铁路公安处民警

阿米子黑，中国共产党党员，生于1946年12月，彝族，凉山州人，原西昌铁路公安处民警。

1970年，成昆铁路通车，24岁的阿米子黑从部队转业，来到铁路当了一名铁路警察。作为彝族人民的儿子，阿米子黑对凉山的一草一木充满感情，对为彝族人民带来幸福的成昆铁路更是无限忠诚。从警30年，阿米子黑一直在成昆线上工作，发扬“吃土豆，老黄牛，铁脚板”精神，共破获各类刑事案件900多起，抓获犯罪嫌疑人1020名。

阿米子黑以勇敢、坚毅、正直和忠诚，赢得了“战斗在凉山铁道线上的彝族好民警”“全国公安战线先进工作者”“全国百名特级优秀警察”“全国公安战线二级英雄模范”“全国劳动模范”“人民铁道卫士”“共和国铁路楷模”等40项荣誉称号，是全国铁路公安战线的杰出代表。

★章显容

原西昌工务段看守工

章显容，中国共产党党员，生于1969年12月，原西昌工务段看守工。

如果说孤石危岩工区是流动的巡逻队，那么，防洪看守点就是固定的岗哨。它设立在那些随时可能发生山洪、泥石流和危岩落石的铁道边，看守工24小时蹲在看守点，监视着危石的动静。一旦发现险情，立即通过对讲机向列车调度报告，并及时拦停运行的列车，确保成昆铁路的畅通和行车安全。成昆北段共设防洪看守点100多个，有看守工300多名，其中女看守工200名。

章显容是K246看守点的一名女看守工。刚上班时，身高不到150厘米的她，要背着米、背着水，徒步走过4个漆黑的隧道去接班。K246看守点，一面是险峻的山壁，一面是湍急的河流。看守工一个班要手举黄旗迎送过往列车70多趟，并每隔1小时巡视1次线路，即在监控的300多米线路上来回巡视。就是在这样的简单重复中，章显容送走了漫长的30个春夏秋冬，把自己最美好的青春年华，奉献给了大山深处的防洪看守点。

2008年7月26日下午，因章显容对天气灾害的敏锐观察和果断处置，避免了上行86986次列车撞上两块比箩筐还大的岩石，确保了列车安全和线路畅通，章显容被评为成都局防洪先进个人、2009年度成都局先进生产者。2011年，西昌工务段正式命名K246看守点为章显容防洪看守点。这是成昆铁路上唯一以看守工的名字命名的防洪看守点。

★袁昌友

原普雄工务段瓦祖领工区党支部书记

袁昌友，中国共产党党员，生于1944年1月，原普雄工务段瓦祖领工区党支部书记，1971年4月参加铁路工作时就来到刚通车的成昆铁路。

“要带好职工队伍，首先得稳住队伍；要稳住队伍，首先要稳住自己。要职工做到的，自己首先要做到。在困难面前，党员要首先带头。”袁昌友作为瓦祖领工区党支部第一任书记，在面临管理最困难、职工人心最不稳的时候，毅然带领5名支委把家从城市搬到了荒无人烟的瓦祖。不久，8名党员又到瓦祖安家落户。从此人心稳定，一支坚强的队伍，在“风之站”顽强坚守。

袁昌友在瓦祖领工区一干就是25年，在他的带领下，瓦祖领工区党支部带出了一支冲锋在前的党员队伍，带出了一支能打硬仗的职工队伍，在极其艰苦的条件下，创出了一流的工作业绩。瓦祖领工区的线路维修质量经常在上级评定中名列前茅。领工区先后28次荣获段以上各类先进集体称号，领工区党支部从1987年以来，连年被上级党组织评为先进。1992年，被评为路局第一个“红旗党支部”，1994年被铁道部授予“全路先进基层党组织”，1996年6月袁昌友本人被中组部评为全国优秀党务工作者。

主讲人：中国铁路成都局集团有限公司党校助理讲师 魏晓萌

资料来源：中国铁路成都局集团有限公司党委宣传部

成昆精神教育基地

07

铁路红色基因

第 七 讲

“158”精神

擎雷锋精神旗帜

铸铁路服务高地

雷锋精神，是一种永不褪色、永放光芒的革命精神。在全国人民“学习雷锋好榜样”热潮中诞生的南京站“158”雷锋服务站，自觉坚持学雷锋做好事，连续半个多世纪从未间断，用四代人的甘愿奉献、接力传承，生动诠释了雷锋精神的时代内涵，彰显了雷锋精神的魅力，锤炼出与时俱进的“158”精神，成为全国铁路学雷锋活动的一面鲜艳旗帜。

扫一扫，收看慕课

“158”雷锋服务站始终恪守“人民铁路为人民”的宗旨，秉承“以服务为宗旨，待旅客如亲人”的理念，大力践行社会主义核心价值观，在学雷锋的道路上孜孜以求，用博大的胸怀、精湛的技艺、火一般的热情，为南来北往的旅客提供优质服务，接力传承雷锋精神。先后荣获全国“工人先锋号”、中华全国总工会“先进女职工集体”、全国“青年文明号”、全国铁路党内优质品牌等50多项荣誉和表彰。2015年，“158”雷锋服务站被中宣部授予第一批全国学雷锋活动示范点和“时代楷模”称号。2016年，“158”雷锋服务站党支部被中共中央授予全国“先进基层党组织”称号。“158”雷锋服务站展示了铁路职工深入开展学雷锋志愿服务活动，积极践行社会主义核心价值观的累累硕果。

★“158”精神的历史渊源

“158”雷锋服务站，是上海局集团公司南京站专门为老、弱、幼、病、残、孕等有困难的旅客提供义务服务的班组，在全国铁路

全国劳模、客运员李慧娟在候车室打快板

系统是第一家。

1968 年南京站建站之初，正值全国响应毛主席“向雷锋同志学习”的号召，兴起群众性学雷锋活动的热潮，在全国劳模、南京站客运员李慧娟的带领下，车站职工成立学雷锋小组，用肩扛手提的方式义务帮助旅客提行李、送站上车，为旅客缝补衣服、寻找失物，带动身边人学雷锋做好事蔚然成风。为了活跃候车气氛，能歌善舞的李慧娟还把乘车注意事项等一些需要宣传的内容编排成快板等文艺节目，轮番给旅客们表演。在持续不断用心为旅客提供优质服务过程中，雷锋精神在南京站扎下了根，为“158”精神的孕育提供了土壤。

1986 年，随着条件逐步改善，车站学雷锋告别了“纯手工”时代。铁道部劳模、车站母婴候车室客运员孙燕光自制了一辆平板车，帮年迈、残障等行走不便的旅客拉行李、送站上车。这辆平板车被旅客们亲切地称为“雷锋车”。

2000 年，为推动学雷锋常态化，做到志愿学雷锋、岗位学雷锋、全员学雷锋，南京站党委决定专门成立一个班组，为旅客提供志愿服务，并命名为“158”雷锋服务站（“158”即“义务帮”的谐音）。自“158”雷锋服务站正式成立，铁道部劳模施凤英就一直在“站”

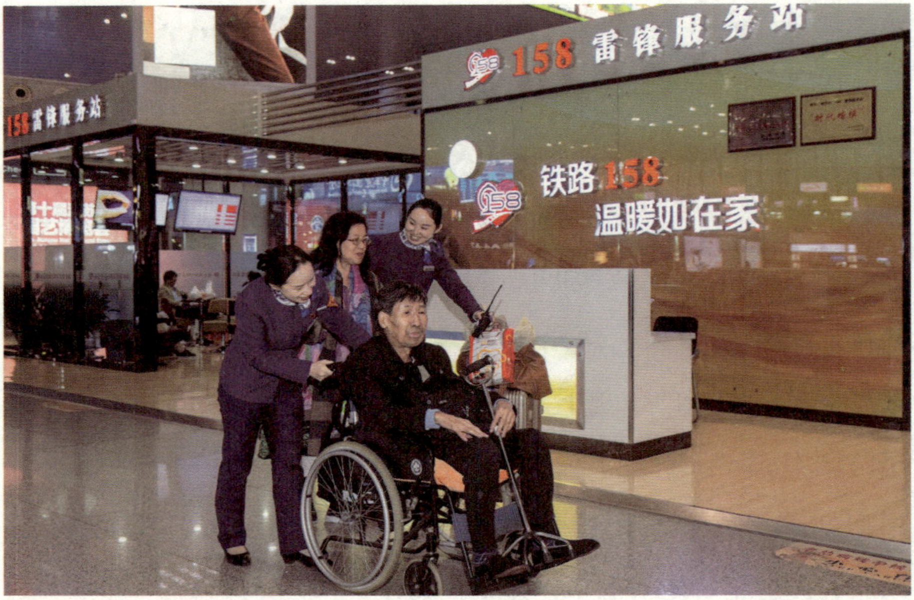

↑ 南京南站“158”雷锋服务站职工服务重点旅客

里服务，退休后的四年里，依然坚持在“站”里义务奉献。

高铁开通后，铁路设备设施有了明显改善，“158”雷锋服务站也进行了现代化改造。为了扩大“158”精神覆盖，南京站又在南京南站、宜兴站、溧阳站、江宁站等相继成立了“158”雷锋服务站，与40余个“雷锋服务站”，全国铁路160余家车站、480余趟列车建立了联网接续服务机制。80后的黄吉莉也正式接过师傅施凤英手中的接力棒，成为南京站“158”雷锋服务站新一代学雷锋带头人。

半个多世纪以来，从学雷锋小组到“158”雷锋服务站，在四代劳模的感召带领下，“158”雷锋服务站全体职工始终牢记“人民铁路为人民”宗旨，秉承“以服务为宗旨，待旅客如亲人”的职业理念，恪守“火车有终点、大爱无疆界”的庄重承诺，把为人民群众提供优质服务作为价值追求，把学雷锋志愿服务作为内在要求，孕育形成了“敬业爱岗甘当螺丝钉，无私奉献甘当践行者，温暖社会甘当一团火”的“158”精神。

★“158”精神的内涵

53年的传承，四代人的接力，“158”雷锋服务站的全体职工，以信念承载使命，以坚守实践诺言，以热情播撒爱心，以行动彰显价值，创造了与时俱进的“158”精神。这种精神是在中国社会主义建设时期特定的历史环境下形成的，是南京站党组织和职工群众的支持及需求与四代“158”人对信仰宗旨的不懈追求相互作用的产物，是中华传统美德与新时期学雷锋融为一体的高尚风范，是社

↑南京站在候车室设立“158”工作室

会主义制度优越性在铁路企业的具体体现。其内涵从本质上讲，是共产主义理想信念的体现，是无产阶级性质的体现，是全心全意为人民服务根本宗旨的体现。

☆敬业爱岗甘当螺丝钉——这是牢记宗旨、立足本职、认真负责、兢兢业业的敬业精神

“158”雷锋服务站把岗位作为服务人民的舞台，几十年如一日坚持岗位学雷锋，在平凡的岗位上做出了不平凡的业绩，塑造了忠于职守、敬业爱岗的良好形象。

1968 年 9 月，南京站建成。全站职工响应“向雷锋同志学习”的号召，成立了学雷锋小组。全国劳模李慧娟每天“上班早到一小时、下班晚走一小时”，利用业余时间帮助旅客免费运送行李、送站上车、购买车票和缝补衣物，变“旅客找我帮”为“我要主动帮”，开启了学雷锋、做好事的先河。

1986 年，铁道部劳模孙燕光自制一辆平板车，义务为困难旅客接送行李，车上醒目地印着雷锋的头像，被人们称为“雷锋车”，成为几代人学雷锋的标志。旅客们都知道，南京站有一辆承载爱心的“雷锋车”，有一群热心助人的“活雷锋”！

学雷锋活动，融入岗位行为，化为职业操守，才能深入持久。经过几代工作人员的探索总结，“158”雷锋服务站不断追求服务品质，着力推行亲情化、人性化服务，逐步形成了融江南文化、汇铁路特色的“五到位”“五帮助”“五免费”“五感受”“五字亲情服务法”的“五五工作法”，让爱岗敬业的精神落地生根、结出

↑ “158”雷锋服务站送重点旅客进站上车

累累硕果。一次，铁道部劳模施凤英看到一位双腿残疾的老年旅客坐在座位上面有难色，便问她要不要用轮椅，不料她十分烦躁。施凤英端来一杯开水和蔼地和她聊天，才知这位旅客拉肚子，大便拉在裤子里了。施凤英把她带到厕所，洗净换下的脏衣服，让她愉快地坐着轮椅上了车。

为做精做优本职，“158”雷锋服务站职工人人苦练绝技，她们办起了“青年书屋”，自觉学习业务知识、语言艺术、心理学、外语、手语和急救护理知识等。从大学、特殊学校、星级宾馆请来老师、劳模、服务明星面对面传授服务技巧。目前，班组内全体人员普通话水平达到或超过二级乙等水平，每人都掌握了手语、急救等“绝活”。2013 年春运期间，吴婷在“158”值班，突然听到有人惊呼："快救人啊！"只见一位60多岁的老人，面色青紫，蜷曲在地上一动不动。吴婷迅速蹲下来，轻轻放平他的身体，用力按压他的心脏，毫不犹豫地进行人工呼吸……看到一位90后小姑娘这样做，旅客为之动容。终于，老人慢慢睁开了眼睛。霎时间，候车室里掌声雷动。有人将照片传到网上，一位网友跟帖称赞："这是春运里最美的女孩！"

进入高铁时代，南京站把适应经济社会需要和广大人民满意作为发展的标尺，扎实开展"服务旅客、创先争优"活动，创新服务手段，拓展服务功能，构建起集购票、候车、乘降为一体的特色服务网络，还从高校邀请老师，对客运员进行环境美学、文明礼仪、语言艺术、服务心理学等方面进行培训，为"158"雷锋服务站配备电脑、专用电话，建立重点旅客数据库，建QQ群、开微博，提升了服务品质，丰富了服务内涵，让铁路服务紧跟时代发展步伐，满足人民大众不断提升的社会需要。

☆无私奉献甘当践行者——这是超越岗位职责界限，全心全意服务人民的奉献精神

从自发成立学雷锋小组，到建立"158"雷锋服务站，四代人自觉践行服务人民、奉献社会的群体价值追求，大力弘扬雷锋服务人民、助人为乐的奉献精神，使困难旅客通过铁路感受到社会主义大家庭的温暖。

2013年1月，在南京打工的小任带着怀孕的妻子小孟乘火车回安徽老家待产。候车时，小孟突然肚子疼，就进了卫生间，很久

没有出来。焦急的小任找到“158”当班的马晶，请她去看看。马晶走进去一看，“天呐！小孩生在厕所里了。”马晶想都没想，脱下制服大衣盖在小孟身上，又脱下羊绒衫包起婴儿，抱在怀里取暖，拿出手机拨打120，还不停地安慰着小孟。寒冷、疼痛和紧张，让小孟紧紧攥着马晶的手臂，把她的胳膊都攥紫了。马晶把小孟送到了救护车上，又买来孕产物品赶到医院，直到把她安顿好、家属赶到后才离开。为了表示谢意，孩子的爷爷特地从宿州赶到南京站“158”雷锋服务站，送上了一面“急人所急，为民解忧”的锦旗，激动地握着马晶手说：“谢谢你救了我们一家人，儿子、儿媳给孩子取名叫‘任宁福’，让他永远记着南京站，记着“158”带来的

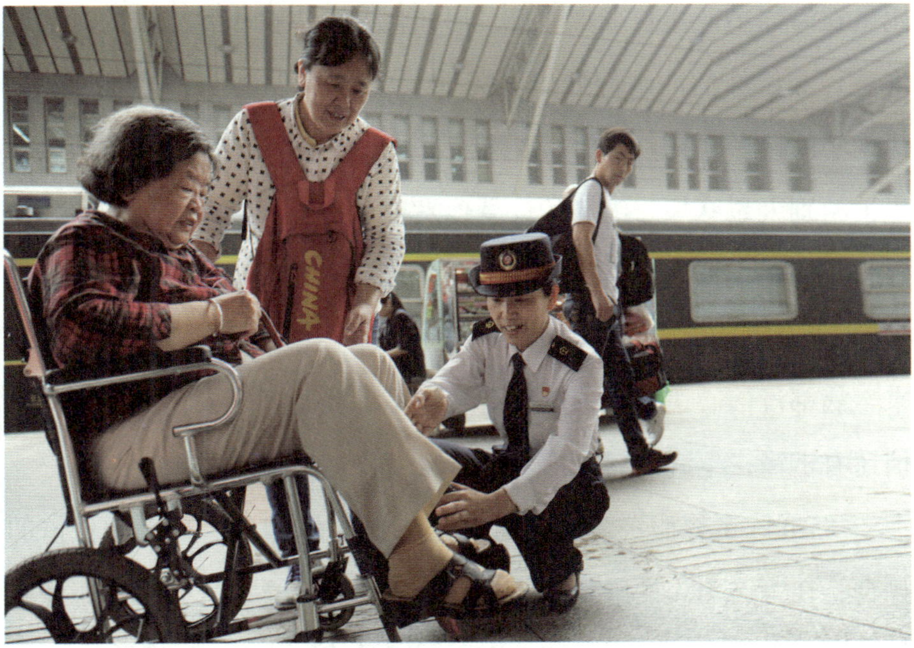

↑ 铁道部劳模施凤英帮助行动不便旅客上下轮椅

平安和幸福！”

南京站是全国“明星车站”，每天接发旅客列车1000多列，乘降40余万人次，几乎每趟都会有困难旅客，“158”服务运送上百万旅客进站上车，姐妹们常常是一路小跑，从候车室到站台，一天下来至少有20多公里，一年就要跑上6000多公里，相当于绕地球一圈半，常常累得腰酸腿痛，一顿工作盒饭，往往要分七八次才能吃完，但她们无怨无悔，常年坚持。

70岁的张秀芝和女儿定居在杭州。2013年，她被诊断为肺癌四期，因为医保关系在南京，张秀芝不得不每月乘坐高铁来南京化疗。因为老伴早逝，带她看病的重任就落在了瘦弱的独生女儿小邹肩上。初次往返南京、杭州，小邹一边背着行李和药品，一边让妈妈坐在海绵垫上拖着艰难前行，形如乞讨。正在一筹莫展的时候，许慧玲和姐妹们向她们伸出了援手。从此，“158”开始对母女长达半年的接送和精心照料。张秀芝老人虽然重病缠身，却非常好强，生怕给别人添麻烦。细心的许慧玲发现了这一点，每次都开导和安慰张妈妈。小邹说，雷锋服务站的姑娘们不但帮我们解决了交通的难题，更用无私的援手和温暖的笑容，抚平了她们母女的自卑。“原来生病都没信心，遇到他们又有希望了。我是辽宁人，原来是不相信还有雷锋，生病以后相信了！”张秀芝逢人就说。

“158”雷锋服务站就是这样把工作岗位作为实现人生价值的舞台，在舍己为人的默默奉献中，砥砺着人生意志，升华着职业美德，激发着上进的力量，散发出道德风尚的恒久魅力。

铁道部劳模施凤英在站台送盲人旅客上车

☆温暖社会甘当一团火——这是以实际行动弘扬诚信、传播友善，凝聚正能量的博爱精神

一花独放不是春，百花齐放春满园。“158”雷锋服务站在坚持岗位学雷锋的同时，积极参与社会活动，胸怀大爱、传播真情，引领更多人参与到善行之中，彰显道德感召的力量，共同营造和谐友爱的社会氛围。他们不仅甘当一团火，还点燃了无数盏灯，让雷锋精神传播四方，让真情大爱照亮世间。

“158”雷锋服务站秉承“一心一意为旅客，一言一行显文明，一举一动蕴关怀，一点一滴含温馨”的优良传统，无论社会如何变迁，“158”人始终传承着雷锋精神，蕴积着爱的能量，为和谐社会建设助力加油。这些年，“158”雷锋服务站不仅加强自身建设，又提出“火车有终点、大爱无疆界”的承诺，致力于让学雷锋活动走向社会，主动承担起面向社会传递关爱、传播友善、促进和谐的社会责任，努力打造传播社会主义核心价值观的道德高地。

曾几何时，“158”雷锋服务站受到了市场经济的影响和冲击。有人认为，在市场经济条件下，付出这样的劳动，可以适当收取费用。少数年轻工作人员也产生了松懈情绪。南京站及时组织践行雷锋精神大讨论，全员参与“春天里的雷锋”主题实践活动，统一思想，提高认识。车站既“请进来”也“走出去”，与以“雷锋车”闻名的连云港市新浦汽车总站结成“姐妹学雷锋对子”、请南京籍的“雷锋团”老战士作报告、到徐州王杰部队“雷锋班”参观学习，交流学雷锋经验体会。依托“158”雷锋服务站品牌，南京站成立了铁路系统首支郭明义爱心团队南京站“158”爱心分队，中共中央候补委员、全国总工会兼职副主席、全国道德模范、“当代雷锋”郭明义亲自授旗，并到“158”雷锋服务站实地参观指导，进一步掀起全站“岗位学雷锋”热潮。“158”爱心分队组织广大职工走出车站、走向社会，与西祠胡同残疾人“公益联盟之家”、南京“手佳盲人按摩保健中心”、南京“万家帮残疾人托养中心”等众多南京市志愿服务团队、公益联盟组织携手共建、奉献爱心，广泛开展扶贫济困、帮孤助残、捐资助学等志愿服务活动。与南京市 20 多所高校联合建立了志愿服务基地，吸纳近 1 万名大学生到车站开展志愿服务，组织“文明出游”“讲求诚信，持票乘车”宣传，使“158”雷锋服务站成为培育和践行社会主义核心价值观的丰沃土壤。

2013年，云南富源县贫困山区的一对孤儿姐妹，14岁的妹妹由于长期的营养不良，先后感染了结核、腹部积液、肠瘘等病。为了挽救妹妹的生命，在媒体和社会爱心人士帮助下，17岁的姐姐背着重病的妹妹到南京求医，但治愈所需的30万元的医疗费用让姐妹俩非常无助。自从姐妹俩乘火车到达南京，就得到了“158”雷锋服务站的爱心帮助，姐妹俩的乐观、坚强感动了“158”所有员工，同时妹妹的病情也时刻牵挂在“158”人的心头，黄吉莉、马晶带头为姐妹俩募集捐款，蔡琳、钱明洁隔三岔五利用休息时间带着慰问品到医院探望、护理妹妹，鼓励她树立起战胜病魔的信心。病床上的妹妹脸上始终保持着微笑，“谢谢铁路叔叔阿姨和哥哥姐

↑郭明义为南京站“158”爱心分队授旗

姐，我会好好养病，争取早一天好起来，以后尽自己的能力去帮助他人，回报社会对我的关爱！”

“158”雷锋服务站以爱的内核，辐射着巨大的正能量，得到了全社会的积极回馈。2010年7月，南京站建立“大学生志愿服务站”，南京铁道职业技术学院、南京交通职业技术学院、南京林业大学等多家学校的大学生志愿者在两年时间里参与服务8000余人次；江苏省中西医结合医院等多家医院和医疗机构主动联系车站，将义诊台摆到了“158”雷锋服务站；南京市爱心传递志愿者服务协会、南京市爱之源志愿者协会等多家公益组织与“158”结成了公益联盟。

有人说，心中有爱的人，就能用心搭建一座爱的桥梁。马因工作结识了两位旅客。一个叫吴祥，是2004年雅典残奥会4×100米接力赛男子组冠军。一个叫何静洁，曾参加央视“非常6＋1”节目，是南京手佳按摩保健中心一名按摩师。他们两人一男一女，都是盲人，又都是常州人。经常往来于南京与常州间，经常在“158”相遇。大伙儿都说他俩真般配，挺合适的，马晶就有意撮合他们。候车时，主动介绍他俩认识；送站时，创造机会让他俩互相照顾；上车后，千方百计把他俩安排到邻座。一来二往，成就了一段美好姻缘，结婚时，那对夫妇特意送来致谢的喜糖和锦旗。现在，他俩有了一个健康的宝宝，漆黑的眼睛闪耀着天使般的光彩，给小两口带来了莫大的欢乐。

南京站党委始终把“158”作为全站职工学习的标杆、人才成

南京站“158”雷锋服务站客运值班员兼党支部书记黄吉莉帮助有困难旅客推轮椅

长的基地，持续组织新职工、党员骨干、年轻干部到“158”锻炼培训，管好用好站史馆、“158”事迹陈列室，进一步凝聚精神力量，弘扬企业文化，打造一流职工队伍的新阵地。不断深化“158”的示范带动作用。在全站上下持续开展向“158”雷锋服务站学习的活动，将“158”典型选树的成功经验推广到其他系统，在全站形成见贤思齐、争当先进的浓厚氛围。

2012 年 8 月，上海铁路局党委在全局开展了向南京站“158”雷锋服务站学习活动，请“158”的先进代表在全局“七一”表彰大会上做事迹报告，组织宣传她们的学雷锋事迹；2018 年，会同江苏省京剧院历经 7 个多月创作的现代京剧《幸福 158》，于 2019

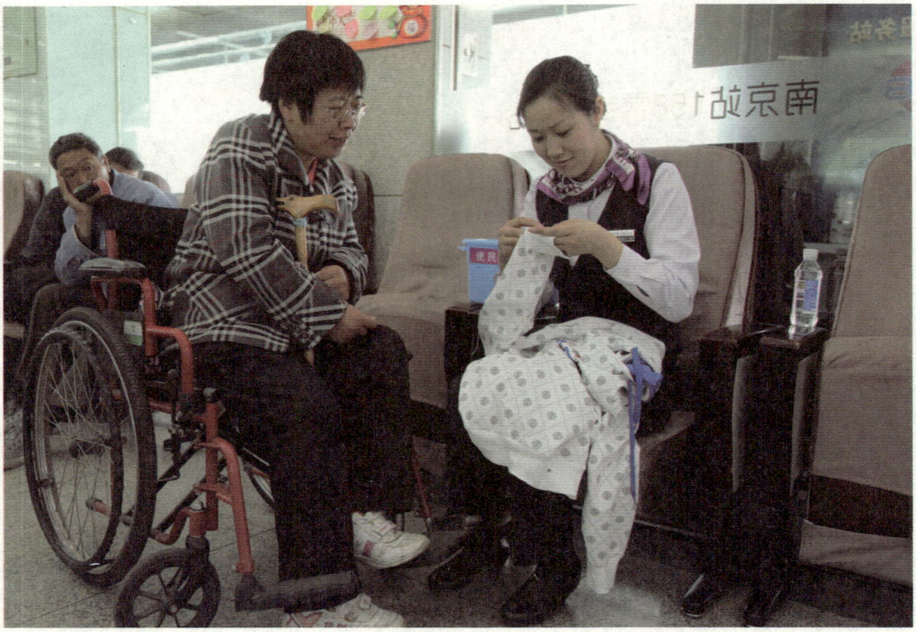

⊕南京站“158”雷锋服务站客运值班员兼党支部书记黄吉莉为旅客缝补衣物

年3月5日，第56个“学雷锋纪念日”在南京紫金大剧院隆重举行首场公演，获得热烈反响，进而举办10场巡回演出，11000余名铁路职工和社会各界群众观看演出，进一步掀起了路内外学习宣传“158”精神的热潮，开创了引入专业剧团、路地联手创作的宣传新模式；在长三角万里铁道线500多个车站全面开展了学雷锋志愿服务活动，建设了40多个全局联网的“上铁雷锋服务站”；逐步推动全国160多家车站、480多趟列车与“158”雷锋服务站建立联网联动志愿服务机制，使培育和践行社会主义核心价值观活动在全国万里铁道线上蓬勃开展，不断焕发出生机与活力。

★传承和弘扬“158”精神的现实意义

“158”雷锋服务站在雷锋精神哺育下孕育形成的“158”精神，是铁路系统响应习近平总书记要求，把社会主义核心价值观落细、落小、落实的具体体现；是广大铁路职工践行“人民铁路为人民”服务宗旨，忠于职守、敬业爱岗、服务人民、奉献社会的精神风貌的具体体现；是激励全社会践行雷锋精神、乐行小善成大美，为实现中华民族伟大复兴的中国梦而奋斗的具体实践。

习近平总书记指出：“我们既要学习雷锋的精神，也要学习雷锋的做法，把崇高理想信念和道德品质追求转化为具体行动，体现在平凡的工作生活中，作出自己应有的贡献，把雷锋精神代代传承下去。”弘扬“158”精神，关键在落实，关键在行动。要从小事做起、从自我做起，党员干部要学在前、走在先，推动广大职工身体力行，以全心全意为人民服务的实际行动，以自身的先锋模范带动作用，积极投身到弘扬“158”精神的道德实践中去。

☆以雷锋精神为引领，把“待旅客如亲人”的温暖送进人们心底

南京站“158”雷锋服务站紧扣社会发展脉搏，契合旅客服务需求，把学雷锋升华为职业操守，不论是绿皮车普速时期，还是动车组高铁时代，始终如一地高扬雷锋精神大旗。半个多世纪以来，在南京站学雷锋活动中得到过帮助的旅客不计其数，施凤英、黄吉莉为发生意外、囊中空空的伤残老人买票、买食品；钱明洁、刘惠与身患绝症、有轻生念头的姑娘交朋友，为她买票、捐款；倪萍抱

黄吉莉帮助行动不便的旅客

着满身污垢的残疾乞丐上楼梯；孙燕光放弃休息送安徽山村的失散女童回家，只身走了十几里地的羊肠小道……“以服务为宗旨，待旅客如亲人”，不仅是职责，更是坚守精神家园的爱心升华，具有感人心扉、温暖社会的道德温度和精神力量。

☆以岗位创优为目标，把爱岗敬业、争创一流化作自觉追求

经济水平越是提高，越要更多更好地关心那些困难旅客弱势群体，让他们享受到更加优质的服务。这不仅是铁路提高服务水平的需要，更是社会主义优越性的体现。“158”雷锋服务站不断追求服务品质，着力推行亲情化、人性化的服务内容，逐步形成了融江南文化、汇铁路特色的“五到位”“五帮助”“五免费”“五感受”“五字亲情服务法”的“五五工作法”等服务规范，主动适应时代发展的要求，将对困难旅客的帮扶进一步延展至网络空间，开创预约服务、上门服务、订制服务新模式；构建起购票、候车、乘降为一体的特色服务网络；主动与全国多家车站、多趟列车建立起联网联动服务机制；等等。让铁路服务紧跟时代的步伐、紧贴旅客需求应该是每一名铁路人的自觉追求。

☆以乐行小善成大美为价值取向，把关爱他人、奉献社会当作最大幸福

南京站“158”雷锋服务站，从一点一滴做起，用倾情服务困难旅客的善行义举，成就了春满人间的大爱之美，铸就了“敬业爱岗甘当螺丝钉，无私奉献甘当践行者，温暖社会甘当一团火”的“158”

精神，这是雷锋精神在本职岗位的生动实践，是中华传统美德在铁路大动脉上结出的丰硕成果。

☆以建设社会主义道德高地为己任，把传递友善、共建和谐视为责任担当

无论社会如何变迁，“158”人始终传承着雷锋精神，蕴积着爱的能量，致力于让学雷锋活动走向社会，主动承担起面向社会传递关爱、传播友善、促进和谐的社会责任，努力打造传播社会主义核心价值观的道德高地。推动“158”精神从一个站，走向一座城、走向全国铁路，起到了点亮一盏灯、照亮一大片的效果。

古语云：“千里之行，始于足下”，行大于言，实践重于说教。我们要紧扣时代主题，把“158”精神的先进性引导与广泛性实践结合起来，真正把“158”精神内化于心、外化于行，通过一系列举措，培育具有时代特点的“雷锋”传人，激发人民群众参与道德建设的主动性和创造性，在全路乃至全社会形成学习先进、弘扬正气、昂扬向上的良好氛围，使学习“158”、弘扬雷锋精神成为一种潮流，成为一种力量，成为一种时尚，让“158”精神在新时代熠熠闪光，让雷锋精神的旗帜在万里铁道线上高高飘扬！

“158”精神典型人物

★李慧娟

“158”雷锋服务站第一代领头人

李慧娟，中国共产党党员，生于1950年1月，原南京站客运员。

1968年9月，南京站成立，车站积极响应毛主席“向雷锋同志学习”的号召，迅速兴起学雷锋活动热潮。李慧娟是南京站第一代客运人，在她的组织下，车站职工自发成立了学雷锋小组，提出“上夜班的每天早来1小时，下夜班的晚走1小时”，利用业余时间帮助旅客免费运送行李、送站上车、购买车票和缝补衣物。变“旅客找我帮”为“我要主动帮”，开启了学雷锋、做好事的先河。一年冬天，一位患有腰椎病的盲人旅客来到候车室，坐也不是，站也不行，只能半躺在担架上。听说他一天没吃饭，身上又没钱，李慧娟给他买来了饭菜，又给了他些钱在路上用，还为他唱起了山东快书。这位旅客笑了，感动地说：“我虽然看不见，但是你们就是我心中的女雷锋啊！”每每回想起在车站为旅客服务的几十年，李慧娟总感慨地说，那是她一生中最甜美和幸福的记忆。

★孙燕光

“158”雷锋服务站第二代领头人

孙燕光，中国共产党党员，生于1958年1月，原南京站客运员。

1986年，铁道部劳模、车站母婴候车室客运员孙燕光利用业余时间，制作了一辆平板车，运送老弱残疾旅客进站上车，车上鲜明地印着雷锋的头像，被旅客们称为“雷锋车”。

2003年大年三十，包头开往宁波的列车上有位产妇临产。孙燕光和同事们把产妇抬下车护送到医院。孙燕光挂号、拿药、送病人检查、打电话通知她的家人，一直忙到天亮。回到家，孙燕光顾不上和家人过节，一头扎进厨房为产妇准备吃的，顶着漫天大雪送给产妇。孩子在大年初一的下午平安降生，孙燕光亲手制作奶瓶保温袋等婴儿用品，顿顿为产妇煮鱼煮虾。由于孩子是个早产儿，需要在医院住上半个月，孙燕光顾不上和家人欢度春节，帮产妇和她丈夫小施找旅社安顿下来，一有空就上街买母鸡、鲫鱼、猪蹄、鸡蛋等食品给产妇补身子催奶，像对待亲闺女一样，自己忙不过来，就让爱人和儿子为产妇做菜送饭。产妇感动不已，让丈夫小施给电视台写感谢信，经电视台采访播出后，好心的市民们也纷纷来看望这对母子。孙燕光说，我们为旅客做件好事，带动了一大片，这是万万没有想到的。新生儿终于出院了，车站又帮助他们解决了卧铺车票。临别时，夫妻俩送来锦旗，还给婴儿取名“施南京”。

★施凤英

“158”雷锋服务站第三代领头人

施凤英，中国共产党党员，生于1962年1月，原南京站客运员。

2012年1月19日，是施凤英退休的日子，但她主动要求等春运结束再办理退休手续，“十多年了，突然离开熟悉的岗位，离开需要帮助的旅客，真是有些舍不得！”就在那天，她遇到了83岁高龄的樊克辉老先生。老先生从南京返回上海，买了一张G7017次3车02号座位票。在得知上海那边还没有人接时，施凤英立即与上海站张庆桓服务台的汤杰取得联系，要求接力帮助。当“雷锋车”把樊老送到动车前时，老先生女儿动情地说：“你们这样服务却一分钱也不收，我实在觉得过意不去。”“你们图什么呢？”有人问施凤英。她回答：“我们追求的是旅客满意，旅客的笑容和他们的褒奖，就是我们工作的动力 。”退休后没多久，她又主动申请回到工作岗位，义务当起了“158”新生代们的师傅，全心全意，言传身教，服务站中又多了一位“活雷锋”。

★黄吉莉

“158”雷锋服务站第四代领头人

黄吉莉，中国共产党党员，生于1983年10月，现任南京站“158”雷锋服务站客运值班员兼党支部书记。

2019年10月1日，中华人民共和国成立70周年之际，“158”雷锋服务站党支部书记黄吉莉，作为先进典型代表，赴京参加国庆观礼活动，并代表铁路系统干部职工登上彩车，接受党和人民的检阅。当天上午，黄吉莉乘坐的是24号彩车，彩车中间竖立着一个火炬，车头上印着“人民有信仰、国家有力量、民族有希望”的金色大字。与她同车的代表们都是“时代楷模”“道德模范”“最美奋斗者”荣誉称号的获得者，这是“158”雷锋服务站集体的光荣，更是所有南京站人的骄傲！

主讲人：中国铁路上海局集团有限公司南京站“158”雷锋服务站客运值班员兼党支部书记　黄吉莉

资料来源：中国铁路上海局集团有限公司党委宣传部

中国铁路上海局集团有限公司南京站党委

08

铁路红色基因

第 八 讲

巴山精神

扎根山区安心养路彰显使命担当

不忘初心铸魂育人矢志报国为民

在“抬头一线天，低头是深涧，天天云雾罩，半年雨绵绵”的大巴山腹地，一群铁路人无惧恶劣的自然环境，无惧艰苦的工作生活条件，秉承着“在一天就要干好一天”的信念，安心山区，专心养路，把襄渝铁路地质条件最复杂、基础最薄弱、病害最严重的“担心线”养护成了“放心线”，创造出43年安全无事故的骄人业绩，彰显了铁路人的使命担当，高擎起全国铁路的一面精神旗帜！

扫一扫，收看慕课

巴山精神源于巴山铁路站区，这里地处大巴山腹地，川陕交界处，襄渝铁路的中段。因为身在大山中，交通不便，物资匮乏，生活条件艰苦。“抬头一线天，低头是深涧，天天云雾罩，半年雨绵绵”，更是巴山自然环境的真实写照。然而就是在这样艰苦的环境下，靠着站区一代代铁路人的坚守，孕育出了巴山精神，高擎起全国铁路的一面精神旗帜。

↑ 身处大山深处的巴山站区

★巴山精神的历史渊源

巴山精神的孕育和发展经历了四十多年的历程，始终与时代发展同步、与铁路发展同行。这一历程可分为四个阶段，分别是起步期、形成期、巩固期和发展期。

☆巴山精神的起步期

1968 年，党中央确定了襄渝铁路的走向，数十万铁道兵奔赴秦巴楚水。1978 年，随着襄渝铁路正式运营通车，巴山工务指导区成立，党支部成立，巴山迎来了第一代养路人，担负着襄渝铁路 81 公里线路的养护维修任务。

巴山管内 90% 以上都是桥梁隧道，包括 78 座桥梁、66 座隧道，囊括了襄渝铁路隧道最长、坡道最大、桥梁最高、曲线半径最小、海拔最高、条件最艰苦等六个之最，其中，最大的桥梁跨度 192 米，最高的黑水河钢梁桥高 103 米，养护难度非常大。

这里的生活条件也异常艰苦，当时的职工宿舍是四处透风的干打垒，床是用废旧枕木垒起的，稳定性极差，一翻身就吱吱作响；点的是煤油灯，坐的是藤条筐。如果说物质匮乏尚可忍受，精神上的寂寞却是加倍的煎熬。除了累人的工作，这里文化生活很单调。当时巴山铁路人唯一的乐趣就是下班后守在站台上，等候一天在此只停 2 分钟的慢车。

面对巴山这样恶劣的自然环境和工作生活条件，巴山工务指导区党支部带领广大干部职工安心山区、艰苦创业，把襄渝铁路地质条件最复杂、基础最薄弱、病害最严重的“担心线”养护成了

“放心线”，涌现出一批爱国爱路、安心山区、无私奉献的人物和事迹，为巴山精神的形成播下了种子。

☆巴山精神的形成期

改革开放后，随着我国市场环境的变化，就业渠道拓宽，大量的人才流向收入多、待遇好的行业。在这样的大背景下，身处大山中的巴山铁路人完全可以选择走出深山，换份职业，逃离艰苦的工作生活环境。然而，巴山工长解和平的“巴山的条件确实苦，但它却在祖国的版图上。铁路修到这里，总要有人来养护，我不来别人就得来。既然来了，在一天就要干好一天”的朴实话语成为巴山人的“家训”。大家秉承着创业本色，不动摇、不松懈，熔铸路魂。同时，向艰苦的环境宣战，开展了轰轰烈烈的自建家

老一辈职工用废旧枕木搭起来的床

园活动，不但用双手改变了巴山，也提升了思想境界，磨砺了意志。

1983 年 10 月，“以苦为荣”的巴山精神首次提出。1987 年，安康铁路分局党委通过对巴山铁路人事迹和经验的归纳总结，提炼出以“吃苦为荣、艰苦奋斗、无私奉献、奋发进取”为主要内容的巴山精神，并将其具体表述为“安心山区的奉献精神、开拓进取的拼搏精神、艰苦奋斗的创业精神和坚定乐观的自强精神”。

☆巴山精神的巩固期

20 世纪 80 年代后，巴山精神逐渐发展成熟，也开始享誉全路、闻名全国，在路内外都产生了积极反响。1987 年，人民日报社等数家新闻单位联合对巴山工务指导区的先进事迹作了采访报道。1990 年，由解和平、曹美英等杰出代表组成了“巴山精神报告团”，在路内外作了多场报告，感染影响了很多人。

↑巴山工区原工长解和平

中共陕西省委将巴山精神誉为“新时期的延安精神”，号召全省“北学延安，南学巴山”，陕西师范大学等一些高校也将巴山作为爱国主义教育和社会实践基地。巴山工务

桥高 103 米的黑水河钢梁桥

指导区党支部还被铁道部授予全路“党支部十面红旗”称号。通过持续不断的弘扬和发展，巴山精神从“艰苦奋斗、育人铸魂”上升到了“奋发有为、催人成才”，巴山也成为思想教育的基地、人才培养的摇篮以及各项工作的火车头。

☆巴山精神的发展期

进入21世纪，铁路迈进科学发展、创新发展的新阶段，巴山精神也在实践中得到升华，进入了快速发展期，“艰苦奋斗、无私奉献、务实创新”成为其新的表达。

2005年西安铁路局成立后，坚持着历史传承与创新发展相统一，大力发展弘扬巴山精神，从“事迹很感人、想法很朴素、历程很丰富、理念很兼容、经验很全面、成绩很突出、当下很需要”七个方面肯定了巴山精神的价值，也确立了巴山精神是西安局的传家宝，更是新时期铁路精神的具体体现。

2012年至2014年，人民日报社、新华社、中央电视台等主流媒体先后多次走进巴山，集中进行采访宣传；《求是》杂志社调研组两次深入巴山，分别撰文在2014年23期《求是》和2017年15期《红旗文稿》上刊登。这些都是巴山精神传承弘扬的新成果，促使着巴山精神像昂扬的风笛，飞出大山，走向全国。

★巴山精神的内涵

2013年12月，中国铁路总公司党组提出，在全路倡导发扬“艰苦奋斗，无私奉献，务实创新”的巴山精神，赋予了巴山精神新的时代内核。

☆艰苦奋斗是巴山精神之魂

艰苦奋斗体现着巴山铁路人的韧劲，熔铸着巴山精神之魂。

巴山崇山峻岭的生活环境非常艰苦，连最基本的吃饭喝水都成问题。由于站区附近的黑水河水矿物质含量超标不能饮用，职工必须去几公里外的山上挑泉水，吃粮吃菜更是要翻几座山背进来。做饭使用的土灶台，烧的柴火是用废旧枕木劈成的，案板是用床板做的。为了改善艰苦的生活环境，巴山铁路人自己动手从山上引山泉水，开荒种菜，办磨坊，用柴油机带动压面机，不仅解决了职工吃粮难的问题，也服务了当地的百姓。还修成了“创业一路”“创业二路”“创业三路”，建成了“花园式”站区。凭借着艰苦奋斗的韧劲，巴山铁路人以苦为乐，不向自然屈服，用自己的双手和汗水建设出了美丽家园。

巴山是襄渝线海拔最高的地方，襄渝线过了巴山以后，几乎是一路下坡，巴山管内成为襄渝线上最薄弱和地质最复杂的区段，桥隧占比接近93%。襄渝线上的六个之最一直在巴山管内，养护难度非常大。大巴山2号隧道，5334米长，修建于20世纪70年代，常年流水不断、病害频发，曾是全路掌握的重点病害区段，起初列车限制时速15公里。几位外国专家来查看后，给隧道判了“死刑”：要么报废，要么重建。面对襄渝铁路线上如此复杂艰险的环境，巴山铁路人历经40年整治，列车经由巴山的时速提到90公里，是原来的6倍，一条安全“担心线”变成了“放心线”，用智慧和汗水确保了铁路大动脉的安全畅通。那几位给隧道判了“死刑”的专家后来惊叹道：“这是一种顽强的精神所创造的奇迹。”

巴山铁路人用“在一天就要干好一天”精神，风餐露宿，艰苦奋战，在悬崖峭壁间养护线路，用勤劳的双手修路架桥。如今的巴山，历经几代巴山铁路人持续不断艰苦奋斗，面貌发生了翻天覆地的变化，老的“六大之最”已经成为历史，新的六大之最“桥梁跨度最大、养护方式最先进、现场作业最规范、安全业绩最佳、职工队伍素质最高、站区环境最和谐”伴随巴山铁路人继续奋勇向前。

☆无私奉献是巴山精神之德

历来奉献见品格，最是担当显情怀。无私奉献体现着巴山铁路人的品格，塑造巴山精神之德。“巴山精神”之所以能够代代相传，关键就在于每一个巴山铁路人始终把集体利益放在首位，不图名、不图利，舍小家、顾大家，以无悔的付出彰显了敢于担当、奉献铁路、服务人民的品格和情怀。在“巴山精神”这面旗帜下，很多无私奉献的故事一直被传诵。

来自西安的桥隧女班长曹美英，把家安在了巴山。巴山条件艰苦，没有托儿所。女儿出生后，为了能保证按时上岗作业，每天晚上，她只能逗孩子玩到深夜一两点，以保证孩子能睡到第二天中午。为了防止孩子醒了从床上摔下来，她用一条布带把孩子拴在床上。当时流传了这样一句话：曹美英用绳子“一头将自己拴在桥头，一头将孩子拴在床头”。

巴山“90后”夫妇吉文佳、刘家佳，在2020年疫情期间，他们把年幼的孩子送回了重庆老家，分别在5.3公里宝石山隧道两侧的巴山、松树坡工区值守，一个多月没有见面，成为隔隧相望的夫妻。面对家里老人的担心和小孩的期盼，他们舍小家为大家，毅然坚守在岗位上，被称为巴山战疫中的“夫妻兵”。

巴山铁路人在努力加强自身建设的同时，始终不忘在艰苦的环境下坚持服务地方经济发展、服务老百姓，坚持资助当地学校，共计为当地村民修建3座便民桥，20多条便民通道。2015年3月，被中宣部授予“全国首批学雷锋活动示范点”荣誉称号。

在党中央提出精准扶贫战略后，巴山工务车间专门建设了扶贫

巴山战疫中的“夫妻兵”吉文佳、刘家佳

集市，解决了巴山镇没有农贸集市的困境，为巴山镇农副产品广开了销路，打开了出路。车间还将管内的34处防洪看守工作交给周边的困难户，帮助他们走上了脱贫致富的道路；2019年，实施了“点亮巴山”工程，给巴山镇安装太阳能路灯36盏；疫情期间，当得知巴山镇卫生院的口罩断供后，立即将车间仅有的20个口罩送到了卫生院，解决了卫生院的燃眉之急。

巴山铁路人的言行举止为无私奉献作了生动的注解，无私奉献塑造巴山精神之德。

☆务实创新是巴山精神之本

务实创新体现着巴山铁路人的追求，书写着巴山精神最本质的特征。

巴山铁路人始终用智慧和汗水确保着铁路大动脉的安全畅通。20世纪八九十年代，老一辈巴山铁路人凭着一股子不怕苦、不服输的劲头，苦干实干，顽强拼搏，用汗水确保了襄渝铁路大动脉的安全畅通。进入21世纪，以王庭虎为代表的第三代巴山人，坚持敬畏安全、讲究科学，积极探索山区安全风险管理规律，改进创新设备维修办法，大力倡导不信眼睛信仪器、不靠估计靠科技，率先推行“小集中修”，工厂化单元修和第三方查看与分析，积累了“婆婆嘴”“黑包公”等经验和做法。还把“严检慎修、精检细修”的高铁养护理念嫁接到巴山，坚持做到“一毫米不差、差一毫米不行”，用优质的设备确保安全，不断提升线路质量和旅客乘坐舒适度。

随着云计算、大数据科学技术迅猛发展，新一代巴山铁路人创新科技养路理念，坚持走科技养路来实现安全生产的延续。巴山工务车间引领职工不断创新，学习运用无人机等开展地质条件调查，借助气象、水文、雨量、异物监测报警等信息资源，为防灾减灾提供依据。车间党总支还在党员职工中推广应用雨量监测系统移动终端，在手机安装雨量监测系统移动客户端 App，根据降雨情况，及时采取出巡、限速、封锁等措施。为不断提升山区铁路科学化养护水平，巴山工务车间还不断运用大数据、云计算分析、北斗地基增强系统等高科技信息方式，与国内专业公司合作，在 2016 年 10 月 11 日，率先在全国铁路建立了北斗防灾减灾检测系统，把监测端延伸至铁路附近的山体高危处所，实时采集需要监控、连接的物体信息，与互联网结合，进行智能识别、管理和控制，逐渐形成科学的养路“物联网”，筑牢铁路安全的长城。巴山铁路人还不断推进工务安全管理系统运用，实现地理信息收集、作业监控、检测管理、状态分析、计划管理、调度管理、安全管理、综合管理信息化、网络化管理模式，依托现场大数据采集实现精准化的管控。同时积极倡导职工自主创新，指导青年人积极进行小改小革和创新实践，有效地提升了维修的质量和效率。

★传承和弘扬巴山精神的现实意义

40 多年来，巴山精神始终是一面高高飘扬的旗帜。传承和弘扬巴山精神，对于广大铁路干部职工勇担交通强国、铁路先行历史使命，更好地探索和实践服务地方经济社会发展、服务人民群众、构建和谐社会，具有重要的现实意义。

☆朴实的价值追求

“巴山的条件确实苦，但它却在祖国的版图上。铁路修到这里，总要有人来养护，我不来别人就得来。既然来了，在一天就要干好一天”。第一代巴山人——“钢筋混凝土工长”解和平朴实的一番话语，真实地体现了一代代巴山铁路人勤劳质朴、务实进取的淳朴品质，更融入了每一位巴山铁路人的灵魂深处，成为巴山铁路人共同的价值追求。通过长期的实践培育，巴山铁路人创立了“奉献、创业、拼搏、自强”为主要内容的巴山精神，形成了具有巴山特色的先进文化，并成为巴山铁路人精心养路、确保安全的理念共识。这一朴素的价值理念，始终提振着他们安心山区、心系安全的信心和勇气，始终强化着他们爱岗敬业、忠诚祖国、服务人民的责任和追求，始终引领着他们培育高度的文化自觉和文化自信。

☆乐观的人生态度

坚定乐观的人生态度是巴山铁路人最突出的品质。面对恶劣的自然环境和艰苦、单调的工作生活，一代代巴山铁路人始终保持着积极向上、坚定乐观的人生态度。

为了丰富站区职工和当地百姓的文化生活，1981 年，巴山因陋就简筹办了首届体育运动会。由此举办至今的“巴山运动会”，已成为享誉全国的站区综合性群众性运动会，被称为“大山里的

2020 年 9 月 29 日，巴山第三十九届路地群众运动会召开

奥运会”，是每年巴山职工与当地老百姓共襄盛举的一件喜事；巴山铁路人当年还用老式手推油印机开办《道石》小报，成立文学创作、书法、摄影等兴趣小组，建立职工文化活动室；到如今设立“网吧”“电子书屋”，用废旧器具制作印记铁路发展、记载职工义务劳动成果的生态文化作品……不论外界如何风云变幻，巴山铁路人始终以苦为乐、以苦为荣，不惧困难、坚守信念，敬业爱岗、快乐工作。

☆和谐的干群关系

在巴山，干部职工人人平等、人人都是主人，只要有奉献，就会受尊重；在巴山，干部无特权、党员不例外、群众不掉队。从要求干部对职工做到个人性格、婚恋情况等“五清楚”“五关心”，到坚持职工家庭出险必慰问、职工的成长进步必关心等“十必须”；从坚持义务为职工捎带生活必需品，到主动联系家属探亲、帮助大龄青年职工解决婚恋难……巴山党支部一班人始终坚持以人为本，始终在用真情关心职工，用真爱温暖职工。

在巴山，党群干群零距离，没有明显身份界限，车间干部始终坚持与职工同吃同住同劳动，每月一半以上时间在施工现场，干群打成一片，水乳交融。有一家娶妻生子，全站区忙乎热闹，都当自家事办。一名职工曾经南下经商，一年后又回到巴山，他说：“在外面虽然物质丰富，但精神空虚；在巴山虽然条件艰苦，但心里踏实，有亲情有追求！”这就是巴山的“家文化”。巴山还将每月30日定为“情绪发泄日”，鼓励职工敞开心扉为管理“会诊”。干部心中有群众，职工把干部当亲人，真正做到了职工的意见有人听，职工的事有人办，职工的建议有人采纳。平等和谐的内部环境，有效激发了职工爱岗敬业保安全的内动力。

☆包容的成长环境

在巴山，最难的不是如何养好路，而是如何留下人。巴山是艰苦山区，第一代巴山铁路人初到时，就有几个新工因为没有勇气面对恶劣的自然环境与艰苦的生活条件，卷起被子爬上货车跑了。因此，巴山能够留住职工，特别是能把新时期的青年人吸引住，很不容易。巴山发展进步的关键在于人。40多年来，巴山历届党组织始终以包容为风尚，宽厚真诚地对待每一名职工。尊重人的个性差异，尊重职工的首创精神，形成了“人人希望成才，人人都能成才”的浓厚氛围。

时任巴山车间党总支书记魏尚宪说，巴山精神的形成就是从对年轻人的拴心留人和铸魂育人开始的。近些年，巴山又陆陆续续分来了许多大学生，对于满腹学识想要大展拳脚的他们，巴山偏远的位置和繁重的工作无疑是一盆冷水。每次看到刚分来的青工躲在角落给父母打电话，偷偷抹眼泪，甚至号啕大哭时，魏尚宪都感到肩上沉甸甸的责任：要是留不住他们、要是培养不好他们，就会是巴山的罪人！

为了带好青工，把他们带成让巴山精神旗帜更加鲜艳的巴山人，巴山党支部确立了人才培养计划，给职工搭建发展平台，鼓

↑ 时任巴山车间党总支书记魏尚宪在现场讲解

励技术创新，创造成长条件助力岗位成才，形成了向上的育人环境。毕业于石家庄铁道学院桥隧专业的刘玲，是一个从大海边来到大巴山的研究生，在巴山工作期间，车间专门为她设立了“刘玲工作室”，由她带领青工针对安全风险隐患开展技术攻关。这群年轻人走区间、上山头、测数据，在不到2个月的时间里，就拿出了针对巴山隧道常年漏水这一“老大难”问题的整治方案，并成功地运用于实践。车间还为每名职工都建立了成长档案，不断完善人才信息库，对职工定向培养、量才适用，形成了梯次人才培养成长机制。

这么多年来，巴山为上级部门输送大批技术干部和管理人才，培养出了多名全国和省部级劳动模范，并先后荣获“全国五一劳动奖状”“全国先进基层党组织”“全国青年文明号”等多项国家级、省部级荣誉称号。

☆坚强的基层组织

习近平总书记指出，坚持党的领导、加强党的建设是国有企业的“根”和“魂”，是我国国有企业的光荣传统和独特优势。

40多年来，巴山车间党支部充分发挥党组织作用，始终把党的建设放在首位，坚持贯彻落实民主集中制，凡是事关车间发展、党支部建设和职工切身利益等重要事项都一块讨论，一起研究决定，确保了各项决策的正确性，打造了具有巴山特色的工作风格，并且得到大家的一致拥护。

在巴山有一个烈士陵园，这里长眠着32位当年为了修筑铁路而奉献出自己宝贵生命的烈士，他们当中最大的35岁，最小的只有18岁。40多年来，巴山党支部坚持带领干部职工为烈士们扫墓送花，描红墓碑，始终将爱党爱国爱路教育放在首位。他们还率先在全路创办职工业余党校，40多年来持续不断开展党员日常教育和专题教育，坚持鲜明的政治导向、正确的价值追求。

巴山党支部坚持强基础、建机制，抓培训、提素质，搭平台、展作为，引领全员创先争优，建设坚强的战斗堡垒。巴山党员在方方面面也都勇于争先，坚守巴山精神文化自信，形成了巴山特色的精神家园。

在巴山，工作中最艰苦的岗位，党员争着去，最危险的工作，

↑巴山车间党支部党员在党旗前宣誓

党员冲在前，党员以自身的模范作用带动着周围的职工。党员工长王庭虎，被称为巴山虎哥。2000 年 7 月 13 日，陕南发生 50 年一遇的洪灾，巴山车间管内险情不断，发生水害 52 处，泥石流拥堵隧道，冲毁桥梁，抢险十万火急。为了抢通线路，王庭虎带领着党员抢险小分队日夜奋战在铁道线上。然而就在王庭虎奋战在抗洪前线的时候，暴虐的洪水却冲进了他的家里，他的妻子独自带着年幼的孩子躲避洪灾。面对家里的情况王庭虎仍然选择坚守在岗位上，职工们以王庭虎为榜样，人人奋勇向前，在艰苦鏖战了 170 多个小时之后，抢通了线路，出色完成工作任务，确保了铁路安全。

巴山党支部一班人始终清醒地认识到，自身要求不严，就会削弱党组织的凝聚力，也很有可能彻底毁了巴山精神这面旗帜。因此，他们坚持干部不能特殊，党员没有例外，自觉律己从严，自觉接受监督，坚决抵制和纠正各类不正之风。40 多年来，巴山党支部成员无一人发生违纪现象，始终保持着这面旗帜的纯洁性和先进性。

《求是》杂志社“巴山精神”调研组在巴山完成调研后给出了这样的评价：“巴山精神”是党的建设优良传统在国有企业的传承和发扬光大，是中国共产党的先进思想理论与巴山工务车间党的基层组织建设实际相结合的精神创新，是以党的先进思想理论创新基层组织建设、推动国有企业发展的示范。

不难发现，巴山精神不是虚无缥缈、遥不可及的，而是体现在铁路人工作生活的方方面面。在不同的工作岗位上，只要能够认真做好本职工作，敢于担当，抓好安全，做出成绩，那就是巴山精神的传承者和践行者；如果能够转变思想观念，务实创新地对待工作生活中面临的问题，并以自己的影响带动周围的职工不断进步，那就是巴山精神的推动者和创新者。新时代，尤其需要传承弘扬巴山精神，岗位践行巴山精神，不忘“人民铁路为人民”的初心，勇担交通强国、铁路先行的使命，充分展示铁路人的新作为。

巴山精神典型人物

★解和平

原紫阳工务段巴山隧道工区工长

解和平，中国共产党党员，生于1953年8月。第一代巴山铁路人。原巴山隧道工区工长，全国五一劳动奖章获得者，先后荣获陕西省优秀共产党员和铁道部劳模等荣誉称号。干活不怕出血流汗、不怕吃苦，人称“钢筋混凝土”工长。

1978年参加工作，他没有豪言壮语，有的只是坚守和付出，他制定了在隧道作业的安全规则，一丝不苟地执行各项规章制度。几十年来，始终坚持做到“班前点名讲安全、班中作业抓关键、班后总结找隐患，集中力量帮重点”，努力强化安全第一的思想，做到安全常抓不懈，警钟四季长鸣，有效预防了各类事故的发生，保证了安全生产，取得了工区成立以来无任何行车和人身伤亡事故的好成绩。

这个陕北农民的儿子，凭着一股子不怕苦、不服输的劲头，带领班组职工，用汗水和毅力换设备质量，靠着苦干实干，硬是把被外国人判定需要改线重修的大巴山2号隧道里的“担心线”变成了

“放心线”。巴山隧道列车通过时速由15公里提高到60公里，工区被路局命名为“安全生产先进小组”，被赞誉为一支“严守纪律、敢打硬仗”的队伍。

他常讲：“巴山的条件确实艰苦，但它却在祖国的版图上。铁路修到这里，总要有人来养护，我不来别人就得来。既然来了，在一天就要干好一天。”他说到做到。

★王庭虎

安康工务段巴山线路工区
党支部书记、工长

王庭虎，中国共产党党员，生于1969年12月。现任中国铁路西安局集团有限公司安康工务段巴山线路车间巴山线路工区党支部书记、工长。全国五一劳动奖章、火车头奖章获得者，先后荣获全国劳动模范、全国铁路劳动模范、铁路工匠等荣誉称号。

1988年，19岁的他来到位于全国最大的连片贫困地区秦巴山区的巴山线路工区，就再也没有离开过，他接过师傅解和平手里的接力棒，在艰苦的工作、生活环境中成为一名巴山精神的忠实实践者。

33 年来，他一直记着老巴山铁路人的重托，始终坚守“巴山标准”，发挥标杆班组长作用，把最新前沿科技技术运用到养护维修工作中，带领职工摸索出“道岔养护作业法、一日标准化作业法”等多项技术创新成果在全国铁路推广应用，努力提升着设备质量，将巴山隧道列车通过时速由 60 公里提高到 90 公里，实现了工区连续 42 年安全生产零事故的优异成绩。

作为党支部书记，他积极运用“互联网 + 党建”思想政治工作方法，教育引领职工听党话、跟党走，自觉做到强党性、作表率、展作为，将每年一届的“巴山路地群众运动会”接力办到了第 39 届。他们的做法被《求是》杂志社誉为党的建设在国有企业的传承和发扬光大的典范。

2014 年 8 月，他走进人民大会堂，在全国培育和践行社会主义核心价值观工作经验交流会作经验介绍。

★吉文佳

巴山线路车间巴山维修工区工长

吉文佳，中国共产党党员，生于 1990 年 12 月。接过师傅王庭虎手中巴山精神这面旗帜，成为新时期巴山精神传承人之一，现任中国铁路西安局集团有限公司安康工务段巴山线路车间巴山维修工区工长。2013 年 4 月推选为出席中国共产主义青年团第十七次全国代表大会代表。先后多次荣获路局、段优秀共青团员等荣誉。

作为新一代巴山铁路人科技养路的典型代表，“一点不能差，差一点也不行”“要干就干精品，绝不能出次品废品”等这样的话语是他的口头禅，受他影响，工区职工养成了精检细修的良好习惯，日常作业从未出现“返工活”，设备质量优良率达到 100%。

作为一名青年工班长，他始终秉承“养路人想着坐车人”的职业追求，大胆将“眼看手比”传统的线路养护方式，改变为依靠水准仪、经纬仪等仪器进行精密测量，提高了工作效率和质量，并主动传授测量方法，帮助新工掌握先进的养路技术。他积极发挥文艺特长，排练小品，利用吉他弹唱、安全演讲等方式，感染和带动身边的工友，为青年树立了榜样。

他的妻子刘家佳在同一车间不同工区，相隔 12 公里，在一次次面对小站和大站、小家和大家的选择过程中，他不断调整自我，以一种勇担当、真作为的态度展现了舍小家为大家的敬业风采，谱写出新一代青年人在巴山的人生价值。

主讲人：中国铁路西安局集团有限公司党校讲师　雷　蕾

资料来源：中国铁路西安局集团有限公司党委宣传部

中国铁路西安局集团有限公司安康工务段党委

09

铁路红色基因

第 九 讲

大秦重载精神

负重争先打起重载铁路旗帜

勇于超越打造运输战略通道

在我们伟大祖国辽阔的土地上，有一条西起煤都大同，东至渤海之滨，横跨桑干峡谷，穿越燕山山脉的钢铁巨龙，这就是大秦铁路。33年来，一代代大秦铁路人传承铁路听党话、跟党走的红色基因，不负重托、勇争一流、砥砺先行，创造出从无到有、由弱到强的骄人业绩，铸就了“负重争先、勇于超越”的大秦重载精神！

扫一扫，收看慕课

伴随改革开放的大潮，大秦铁路作为国家重大民生工程于1985年开工建设，1988年首段开通运营，经过30多年的负重前行，截至2020年年底累计发运煤炭70多亿吨，连续创造并保持列车开行密度最高、运行速度最快、运输效率最优以及单条铁路运量最大等多项重载铁路世界纪录，实现了中国重载铁路由落后到追赶再到引

↑ 蜿蜒在大秦铁路崇山峻岭之中的“钢铁巨龙”

领的“华丽转身”，被誉为“中国重载第一路”，是改革开放 40 多年来中国铁路的标志性成就。

“负重争先、勇于超越”的大秦重载精神是一代代大秦铁路人担当奉献、开拓创新、拼搏奋斗的真实写照，随着时代的更迭、历史的变迁，大秦铁路人用实际行动为大秦重载精神注入“不负重托、勇争一流、砥砺先行”的时代内涵，成为新时代交通强国铁路先行历史背景下，激励铁路人努力拼搏、勇创佳绩的强劲动力。

★大秦重载精神的历史渊源

伟大事业孕育伟大精神，伟大精神引领伟大事业。大秦重载精神的产生不是偶然的，它是在大秦铁路干部职工一代代接续奋斗、一次次使命担当、一项项突破纪录中形成的。它是铁路产业工人红色基因的传承，是传统铁路精神的赓续，富有鲜明的重载铁路特色。

20 世纪 80 年代，乘着改革开放的春风，我国的工农业生产迅猛发展。然而，与这种发展势头不相适应的，却是能源需求与交通运输的紧张状况，特别是被称为“工业粮食”的煤炭，受到运能运力的制约，电厂缺煤、城市缺电，一场前所未有的“工业饥渴症”困扰着大半个中国。

1983 年 9 月，为解决山西北部煤炭的外运问题，国务院召开常务会议，作出修建大秦铁路的重大战略部署。

1985 年，承载着国家解决山西北部煤炭外运和东南沿海地区电煤需求的重托，7 万筑路大军按照党中央、国务院的指示，逢山开路、遇水架桥，打响了建设中国能源大通道的重大战役……

1988年12月28日，跨越189条河流、穿越39座主峰、架起313座桥梁、打通45座隧道的大秦铁路一期工程——山西大同至河北大石庄区段开通运营。伴随胜利开通的喜悦，第一代大秦铁路人，王家湾线路车间河南寺工区的吴炳雄、王海山、颜廷芳三名共产党员，站在巍峨挺拔的燕山山间，脚下流淌着桑干河水，面对鲜红的党旗，发出了“扎根大秦、终生报国”的铮铮誓言！

1992年12月21日，从大石庄站直达秦皇岛码头的二期工程竣工，大秦铁路全线开通运营，一条长653公里、设计年运量1亿吨的钢铁巨龙完美展现在世人面前。从此，以“负重争先”为鲜明特征、承载着党和国家的重托、寄托着几代铁路人梦想的大秦铁路，在中国铁路发展史上描绘出浓墨重彩的一笔。

↑ 1992年7月12日，韶山4型机车牵引的6000吨重载列车开行

2002年，国民经济发展如火如荼，全国铁路日装车需求量最高达到30万车，铁路部门虽然举全力确保国计民生重要物资运输，但日装车却只能满足1/3。这一年，全国电力供应持续紧张，21个省市自治区用电告急，有的电厂电煤保有量仅为一天。许多企业不得不“以运定产”，电力部门不得不拉闸限电。就在这一年，大秦铁路运量也达到了设计年运量1亿吨的饱和状态，铁路运输“瓶颈”制约空前严峻。

历史青睐于大秦铁路，只因它始终不负重托、勇于超越。大秦铁路人随即开启了赶超模式：快速打造重载运输成套技术平台，推出重载运输示范品牌；快速打造大功率机车成套技术平台，推出重载装备中国品牌。两项成果使中国重载铁路发展整体水平快速登上世界一流重载铁路行列，并以每年5000万吨的增运速度，不断超越自我、追赶世界。

2004年夏季，全国各地的用电量一次次跃上红线，许多电厂发出煤炭不足的告急之声。7月29日，中央领导同志冒着高温，来到大秦铁路，寄希望于铁路干部职工能多装一车煤，能多拉一吨煤！大秦铁路人不辜负党和国家殷殷嘱托，在似火的骄阳下，将一列列煤炭从塞北高原送到渤海之滨，将阵阵清凉传给千家万户。同年的12月12日，大秦铁路人以前所未有的勇气，成功试验开行2万吨重载组合列车，走出了一条体现中国特色、瞄准世界一流的重载开拓之路。掀开中国重载铁路发展崭新一页的同时，“负重争先、勇于超越”的大秦重载精神在实践中不断彰显。

⊙ 重载机车运行在大秦线上

2008年春节，一场历史上罕见的低温雨雪冰冻灾害，袭击了我国南方大部分地区。截至1月28日，17个省市拉闸限电，全国各大电厂纷纷发出存煤红色预警，其中有86家骨干电厂存煤低于三天，部分电厂因无煤可燃只好停止发电……

灾情牵动着党中央。中央领导同志赴大秦铁路湖东站、秦皇岛港等地考察，希望大秦铁路尽最大努力，科学调度，挖掘潜力，增加运量，保证安全！大秦铁路人谨记党中央嘱托，在数九严寒中，夜以继日，增运保供，每天以数十万吨的运量，支援湘鄂贵赣浙等重灾区，将灾害损失降到了最低。伴着勇于超越的奋进脚步，2008年底，大秦铁路年运量突破3.4亿吨，跃居世界第一。

党的十八大以来，一幅更加宏伟的蓝图在全国人民面前徐徐展开。中国铁路以习近平新时代中国特色社会主义思想为指导，深入贯彻习近平总书记对铁路工作的重要指示批示精神，立足党和国家工作大局，接续奋斗、开拓创新，铁路发展取得显著成就，高速铁路、高原铁路、高寒铁路、重载铁路技术达到世界领先水平。国铁集团党组提出“大秦重载要走在全国、全世界前面”。面对铁路高质量发展的需要，大秦铁路各级组织坚持依靠科技创新和管理创新双轮驱动，积极投身到我国重载技术创新和储备中，不断抢占重载技术的“制高点”。2014 年 4 月 2 日，大秦铁路成功进行了 3 万吨重载试验，创下了我国重载牵引的新纪录，使我国成为世界上仅有的几个掌握 3 万吨铁路重载技术的国家之一。

走进新时代的大秦铁路人，不忘初心、牢记使命，牢固树立新发展理念，勇担交通强国、铁路先行历史使命，以自我超越的勇气和毅力，精心做好高质量发展这篇新文章。2018 年末，大秦铁路增量达到 3200 万吨、实现年运量 4.5 亿吨，重载铁路技术、运输组织、装备运用、设备维修、组织保障等“五大体系”日臻完善，实现了大秦铁路的持续创新，走出了一条从引进、消化、吸收再创新及内涵挖潜、扩大再生产的发展之路，形成的“大秦模式”让大秦铁路成为当之无愧的世界重载的“领跑者”！

与此同时，大秦铁路人积极投身“蓝天保卫战”，充分发挥大秦重载能耗低、排放少、成本低、运量大的比较优势，与地方政府精准对接，推进“公转铁”项目，落实“六线六区域”货运增量总体部署，不断释放铁路节能环保、绿色低碳效应。为了从煤炭装车源头有效遏制空气污染，大秦铁路沿线设立了74个抑尘站，进行抑尘剂喷洒，还运用信息化、智能化技术手段，投入力量开展再生制动回馈电能利用、铁路建设生态修复、铁路环境保护系统监管等关键技术研发，仅再生制动电能利用这一项研究，测试回馈电能就达11.3%～35%，节能环保效应十分明显。

党的光辉指引前进道路。33年，时光回溯，一群人，肩负“建设大秦，晋煤外运”使命之重，扎根荒芜，拓土建舍，挖井取水，凿隧架桥，奠基铺路，建成新中国第一条双线电气化运煤专线，远隔千里的煤田与海港，天涯变坦途。33年，沧海桑田，一条路，肩负“服务国计民生”责任之重，从原设计煤炭年运量1亿吨到突破4.5亿吨，从迎峰度夏到抗冰救灾，从突破铁路运输瓶颈到打造中国重载品牌，历经2亿吨、4亿吨两轮大型扩能改造，SS1、SS4、DJ1、和谐型四次牵引动力革命，创下每年增运5000万吨的世界奇迹，超越单条铁路年运量不超2亿吨的理论极限，以不负重托的担当精神、勇争一流的创新精神、砥砺先行的奋斗精神，生动诠释了“负重争先、勇于超越”的大秦重载精神！

可以说，大秦重载精神的产生与发展有着深深的时代印记，一代代大秦铁路人始终坚守“中央有号召，铁路有行动”的强烈责任心和使命感，与共和国发展同频共振，与中华民族的伟大复兴命运与共，谱写了一曲与时俱进、自我超越的精神诗篇！

★大秦重载精神的内涵

“负重争先、勇于超越”的大秦重载精神，是大秦铁路人不忘初心、牢记使命的充分体现，是贯彻落实新发展理念的生动实践，是勇担交通强国、铁路先行历史使命的强劲动力。一代代大秦铁路人在秉承铁路红色基因、赓续铁路优良传统的奋斗中，不断为大秦重载精神注入丰富内涵。

☆负重——不负重托的担当精神

回顾大秦铁路的发展历程，大秦铁路人始终集党和人民的重托、服务国家发展战略的重任和交通强国、铁路先行的重责于一身，把“中央有号召，铁路有行动”落实到货运增量中，把人民对铁路工作的期盼贯穿到实际工作中，圆满完成了党和人民交给的急难险重运输任务，用实际行动在服务国计民生、推动经济发展、防治污染、深化运输供给侧结构性改革中贡献着自己的全部，创造了一个又一个的重载奇迹。

大秦之重在于其承担的历史使命。

1985 年 1 月 1 日，大秦铁路建设正式拉开帷幕。用了不到 4 年的时间，一条拉动全国经济西煤东运的煤运通道大秦线开通运营。一些当初在大秦线上顶风冒雪、披荆斩棘的铁道兵，也随之换上了铁路制服，留在了大秦线上，成为第一代大秦铁路人。

“雄赳赳气昂昂，跨过御河桥”。为做好大秦铁路一期工程开通前的各项准备工作，从大同地区挑选出来的首批铁路职工响应党和国家号召，毅然走过位于大同市东郊的御河桥，进驻大秦铁路沿

大秦线上川流不息的运煤专列

线的各个作业站点。出征的人群中，有母亲送儿子的不舍，有未婚妻送爱人的依恋，有兄弟姐妹的牵挂，还有孩子期盼爸爸的目光……

刚刚建成的大秦线，生产生活条件十分艰苦，面对重重困难，第一代大秦铁路人作出“讲大局、讲奉献”的庄严承诺。他们负重爬坡、艰苦创业，没有菜吃就在荒山上自己种，没有水喝就用驴车到山下拉，缺少住房就自己动手盖，硬是把荒芜之地变成了郁郁葱葱的美丽家园。为了尽快适应工作，克服运输生产上的困难，沿线各单位就组建骨干队伍，采取现学现教的方式，手把手培养帮助、带动提升整体队伍素质，硬是“从零起步”做到了“世界一流”。

进入新时代，为贯彻落实党中央关于调整运输结构、推动经济高质量发展的重大决策，中国铁路总公司着力优化产品供给、降低物流成本，出台了《2018—2020年铁路货运增量行动方案》。肩负重任的大秦铁路，主动承责，积极作为，深化运输供给侧结构性改革，争当全路货运增量“排头兵”。大秦铁路优化运输体系，加强运输组织，提升计划质量等一系列措施，通过压缩列车追踪间隔时分，加大列车开行密度，调整重车开行结构。特别是2020年，经受了重大疫情和严重汛情的双重考验，奋起直追、挑战极限，大打增运补欠攻坚战，日运量等指标屡创新高，货物发送量、货物周转量、货运收入稳居全路第一。

大秦之重在于其打造的铁路重载品牌。

客运高速化、货运重载化，已成为铁路现代化的必然趋势和重

↑ 建线初期沿线站点用毛驴车拉水

要标志。我国重载铁路起步较晚但发展迅速，其代表就是大秦铁路。从1992年全线开通，大秦铁路用10年时间，达到了设计年运量1亿吨。之后，大秦铁路煤运量一路高歌，年运量从1.2亿吨飙升至4.5亿吨，取得了重载技术由落后到追赶再到引领的历史性成就。在大秦铁路出现之前，世界单条重载铁路年运量的理论极限是2亿吨，大秦铁路以年运量4.5亿吨的成绩打破了这一理论极限，令世界震惊，成为世界重载铁路发展的标志性成果，并始终保持世界重载铁路领跑优势。短短几年，大秦铁路已经掌握了世界重载铁路最先进的九大核心技术，开创出独具特色的运输组织方式，取得诸多自主创新成果，令世界惊叹，被称为“中国重载第一路”。

党的十八大以来，以大秦铁路为代表的中国重载铁路技术取得了突破性进展。大秦铁路各级党组织带领广大干部职工，持续推进重载机车车辆的研制，搭建了通用、专用货车技术平台；开展了新一轮的重载铁路钢轨、道岔、轨道、路基、桥梁、隧道关键技术攻关；自主研发了重载铁路新型列车移动通信及同步控制系统，进一步提升了中国重载铁路技术水平。中国铁路重载装备、重载线路、重载通信信号和重载运输组织等技术和设计制造能力均居世界领先行列。

时任3万吨列车试验组带头人、第三代重载司机、共产党员景生启回忆起列车静态、动态试验的40个昼夜，至今难以想象那段日子是怎样挺过来的，他说大伙儿心里都憋着一股劲：就是决不辜负上级党组织这份重托，坚决扛起中国重载铁路这面旗帜。8名试

↑ 大秦铁路运煤车辆不摘钩连续翻卸

验司机大部分时间都是在机车上度过，困了伏在驾驶台上打个盹、饿了一包方便面，人人手里一张图、一本笔记，成功破解了制约 3 万吨重载列车开行的百余个技术难题。2014 年 4 月 2 日，长近 4 公里、重达 3.15 万吨、由 4 台电力机车和 315 节货车组成的 3 万吨重载列车试验取得圆满成功，向全世界昭示了我国重载技术的新突破，一举成为中国铁路特别是重载铁路新的里程碑。

2018 年 10 月 26 日至 27 日，“中国重载铁路技术交流暨大秦重载铁路运营三十周年论坛”在太原举行。太原局集团公司在此次论坛中全面总结分享了大秦重载铁路运营 30 年的管理经验及取得的重大突破，将“大秦重载”这一品牌更加全面系统地展现在了全国乃至世界专家学者面前。

大秦之重在于其肩负的社会责任。

大秦铁路已经成为我国重载铁路的“教科书”，它以不足全国铁路营业里程1%的占比，担负着全国铁路20%以上的煤炭运量，肩负全国六大电网、五大发电集团、380多家主要发电厂、十大钢铁公司和6000多家企业生产用煤和民用煤、出口煤的运输任务，用户群辐射到26个省、市、自治区，为服务国计民生、助力经济发展贡献着自己的全部。有专家曾指出：大秦铁路的运量，是反映中国经济走势的“晴雨表”，一定程度上讲，不懂大秦铁路的人，就不懂得中国的经济……

大秦铁路开通运营以来，在承担起国民经济发展能源运输的同时，还在迎峰度夏、雨雪冰冻、国际金融危机、抗震救灾等关键时刻，一次次担负起党和国家交给的重任，用实际行动，展现出一条煤炭运输战略大通道应有的担当。若按年运量4.5亿吨计算，可满足全国4.5亿城镇居民一年的生活用电。如果把这些运煤的车辆连挂在一起，能绕地球1.7圈。绿水青山就是金山银山。进入新时代，太原局集团公司党委深入贯彻习近平生态文明思想，落实国铁集团党组要求，始终坚持以“建设美丽中国，实现绿色低碳发展”为己任，着力铁路运输比较优势最大化，持续扩大煤炭运量，在绿色低碳运输中一路先行。将大秦线C80型装车由以前日常的100列左右，提高到了130列左右。湖东二场开出的2万吨大列由日常的50列提高到了66列左右，大量开行万吨、2万吨重载列车，日运量平均

↑ 大秦铁路运煤装车时喷洒抑尘剂

保持在 120 万吨左右。如果完成同等运量，公路运输需消耗柴油近 5 万吨，碳排放量近 20 万吨，分别是大秦铁路运输的 46 倍和 50 倍。尤其是近几年来，大秦铁路在每年春秋两次的“集中修”大机清筛作业中，分别增加的“清水抑尘”和“污土转运”两个环节，更体现了其对防治环境污染的决心。追溯大秦铁路开通运营 30 多年的发展之路，无不体现着绿色、低碳、环保、节能优势，走出了一条绿色发展之路。

2020 年，新冠病毒肆虐全球。在抗击疫情的阻击战中，大秦铁路沿线党员干部牢记“生命重于泰山，疫情就是命令，防控就是责任”，带领职工群众像武汉的医护人员一样，坚守岗位，狠抓疫情防控，保证了能源大通道的畅通。在做好“六稳”工作、落实“六保”任务中，大秦铁路人以疫情防控和精准复工为重点，主动与地方政府联系，逐一与客户对接，精准提供运输保障，努力服务企业复工复产、转产增产。他们克服困难，保障日装车12500车以上，为确保生产用煤提供了有力保障。

负重就要担当，这是大秦铁路的精神品格，没有一代代大秦铁路人的负重前行、使命担当，就没有大秦铁路无可替代的地位，更不会有大秦重载精神的孕育诞生。

☆争先——勇争一流的创新精神

大秦铁路人融创新、创业、创造为一体，在没有成熟经验可循的情况下，坚持党建引领，着力创新驱动，自力更生、开拓进取，聚焦建设“四个一流”国铁企业目标，成立重载铁路技术研究中心，举办中国重载铁路技术交流论坛，形成具有世界先进水平和中国特色的重载技术体系、运输组织体系、装备运用体系、设备维修体系和组织保障体系，填补重载铁路的多项空白，抢占“铁路重载技术制高点”，在重载技术上拥有了“话语权”，创下了一系列世界瞩目的先进成果，为确保运输安全和运量不断增加发挥了重要作用。

一流业绩源于党建引领。

当党和国家最需要的时候，冲在最前面的是共产党员；当每一次迎战急难险重任务的时候，顶到最前面的是共产党员；当需要突破极限、超越自我的时候，奉献最多、牺牲最大的还是共产党员，他们就是大秦重载的筋骨，是大秦重载的钢铁脊梁！

33年来，大秦铁路各级党组织始终坚持党建引领，强化组织保障，持续发挥党员先锋模范作用和党支部战斗堡垒作用。通过不断加强人才队伍建设，打造省部级技能大师工作室6个，3人荣获全国技术能手，17人享受政府特殊津贴，32人获得詹天佑铁道科学技术奖、茅以升科学技术奖，131人荣获省部级技术能手称号，3113人取得技师和高级技师资格，一大批重载人才在大秦“熔炉”中成就事业。通过不断加强以大秦重载精神为核心的企业文化建设，深入挖掘“扎根桑干河、奉献大秦线”“上跑万吨重、下保毫米精”等理念，涌现出“新时代·铁路榜样”景生启等15名省部级以上先进典型和13名“中国好人”“山西好人”，形成见贤思齐、创先争优的浓厚氛围。通过不断加强组织建设，紧扣大秦重载特点，引

㊤2004年12月12日，由4台韶山4型机车牵引的2万吨重载列车试验成功

申创岗建区、立项攻关、“三无”竞赛及“我是党员我带头、疫情防控冲在前”等主题实践活动，大力开展“当好主人翁、建功新时代”、“五小”和“青年小班制”竞赛等活动。湖东电力机务段等3个基层单位荣获全国先进基层党组织称号，全国“两学一做·榜样”十大宣传对象王养国等39名同志获得省部级优秀共产党员荣誉称号。

在653公里的大秦铁道线上，最不缺少的就是共产党员的身影，他们用一流业绩诠释着“争先”二字，这些身影就像一面面旗帜高高飘扬，带领着广大职工群众不断续写新的辉煌！

一流业绩起于创业创造。

大秦铁路建设伊始，大秦铁路人就瞄准国际先进水平，运用91项先进技术设备，使之成为当时我国现代化水平最高的一条铁路。从此，饱含技术创新基因的大秦铁路，为保障国计民生重要物资运输，适应国民经济的发展需要，潜心钻研重载技术，提升运输能力，在重载技术创新发展的征程中不断续写传奇。

2003年12月21日，大洋彼岸的美国，科罗拉多州，丹佛。身负大秦铁路扩能改造工程及相关重大技术项目攻关重任的中国考察团成员一行，怀着无比焦虑的心情认真听取美国UP公司铁路司机介绍由6台内燃机车牵引1.4万吨重载组合列车的技术经验。这是当时世界最先进的重载技术之一。

但即便是世界最先进的重载技术，也不一定完全适合我国的国情和路情。尤其是成本与投入这两大块，更是我们这个发展中国家不得不考虑的问题。

在接下来一年多的时间里，数以万计的铁路职工和科研技术人员、业内专家不分昼夜，吃住在大秦铁路扩能改造的施工现场，先后采取了 18 项畅通措施解决咽喉能力不足，实施了 36 项超常作业组织方法和 258 项改革措施，在保证运输生产的前提下，对大秦铁路的线桥、站场、牵引供电、通信、信号、机车车辆等设备设施进行扩能改造，并在全路首创了“集中修”模式，开展“大兵团作战”，迅速完成了扩能改造，充分体现出共产党领导下社会主义集中力量办大事的制度优越性。

2004 年起，大秦铁路连续实施的 2 亿吨、4 亿吨扩能改造，运用了大量新设备、新技术，开启了快速度、高密度、大重量“速密重”并举的创新发展模式。2004 年 12 月 12 日，大秦铁路成功试验开行中国第一列 2 万吨重载组合列车。2005 年 11 月，以 GSM-R 为数据传输平台，大秦铁路成功试验开行了由 2 列单元万吨列车组成的 2 万吨重载组合列车。2006 年 3 月 28 日，大秦铁路正式开行了由 4 台韶山 4 型机车以“1+2+1”方式牵引的 2 万吨重载组合列车。2007 年 8 月，“1+1+ 可控列尾”模式的 2 万吨重载列车在大秦铁路正式开行，造价不到 10 万元、只需挂在列车尾部货车上的“小盒子”，替代了价值 3000 多万元的大功率电力机车。2014 年 4 月 2 日，3 万吨重载列车在大秦铁路试验成功。至此，大秦铁路创造了世界单条铁路重载列车密度最高、运输能力最大、增运幅度最快、运输效率最好、运输效益最佳等多项纪录。

大秦线王家湾党员示范教育基地

一流业绩成于改革创新。

在大秦铁路这块试验田上，我国重载技术不断创新。自主研制的车体轻量化的C80系列重载货车、大功率和谐型机车被广泛应用。重载钢轨使用寿命由通过总重9亿～12亿吨提高到15亿～20亿吨。研发出机车自动过分相装置、5T、CTC、微机联锁、大容量胶泥缓冲器等一大批技术成果。形成的“大秦经验”为我国侯月、京包、胶济、瓦日、浩吉等多条重载铁路建设提供了“大秦方案”。其中，“大秦铁路重载运输成套技术与应用”荣获国家科学技术进步奖一等奖。“重载机车自动驾驶”等前瞻性、智能化研究项目取得重大突破，为大秦铁路高质量发展注入新的动力。

在管理上，创新构建大秦重载“五大体系”。率先实施《重载运输技术管理规则》等 21 项重载技术规章，推进“3 万吨重载组合列车操纵技术优化”等多项重大重载课题攻关，深化“重载列车自动驾驶”等各类重载技术研究，构建起重载铁路技术体系；优化晋蒙陕地区货源集运网络，提高精准装车、集港疏港组织效率，制定 100 万 ~ 135 万吨不同运量目标 7 种运输组织方案，将 1.5 万吨以上列车追踪间隔时间压缩至 12 分钟，构建起重载铁路运输组织体系；全面提升整备水平和运用效率，推行“整列扣修、集中整备、大进大出”一体化检修模式，不断优化调整 LKJ 运行控制“重载模式”，构建起重载铁路装备运用体系；创立“集中修 + 天窗修”组织模式，开展多专业、多项目、“大兵团作战”，使用工务轨道监测车等远程监测系统，构建起重载铁路设备养护维修体系；坚持党建引领，强化组织保障，大力推进重载人才培养，实施重载文化引领，发挥各级组织作用，构建起重载铁路组织保障体系。形成了“产运需”对接、“集疏运”一体、“速密重”并举、“管维运”协调的中国铁路重载运输新模式。

大秦铁路加快转型发展步伐，积极开展经营体制创新。2004 年 10 月，大秦铁路股份有限公司宣布成立，并于 2006 年 8 月在上海证券交易所上市，成为中国第一家以路网核心主干线为公司主体的股份公司。2010 年 10 月，公司成功收购控股股东运输主业相关资产及朔黄铁路发展有限责任公司股权，成为我国首个区域铁路网整体上市的典型案例。党的十八大以来，大秦铁路坚持“两个一以贯之”，加快资本运作步伐，通过股权投资做大做强客货运输主业，不断延展路网规模和经营领域，盈利能力和资产收益水平始终处于行业领先地位。

争先就要创新，这是大秦铁路的精神追求，没有一代代大秦铁路人的勇争一流改革创新，就没有大秦铁路举世瞩目的成绩，更不会有大秦重载精神的充实延展。

☆超越——砥砺先行的奋斗精神

大秦铁路人汇奋斗、奉献、奋进于一身，坚持在大局下行动，从第一代奔赴大秦铁路的职工抱着“扎根大秦”的信念开始，他们喝泥水、住工棚，搬枕木、排障碍，垒围墙、建厂区，人在哪家就安在哪。每一次重载增运任务，每一次“集中修”施工，都是时间紧、要求高，往往是命令下达后，人、车就得到位，一分钟也耽搁不得。33年来，广大党员、干部，争先恐后冲在前、干在先，带领广大职工拼搏奋斗、无私奉献，车、机、工、电、辆、供各部门各单位，党工团各级组织同心协力，密切合作，争挑重担，共担责任，形成了“一切为大局、全力保畅通、齐心干事业”的生动局面。

超越就是要走前人没有走过的路。

大秦铁路在2002年的年运量便达到了设计能力1亿吨。但面对全国电力供应吃紧的严峻形势，铁道部根据党中央和国务院的要求，决定在不修建新线的前提下，对大秦铁路进行扩能改造，使大秦铁路具备开行2万吨重载组合列车的条件，从而实现大秦铁路年运量达到2亿吨进而实现4亿吨的目标。2004年大秦铁路迅速完成扩能改造，具备了开行2万吨重载列车的基础条件。但2万吨重载组合列车，不是说开就能开的，它是一项非常庞大繁杂的系统工程，涉及机车车辆、工务工程、通信信号、运输组织及其系统集成等多个方面。尤其是横跨山西、河北、北京、天津4省市的大秦铁路，60%的地段为山区，线路最大坡度12‰，仅大同到茶坞的300多公里线路，海拔就从1000多米直降到100多米。可以说，每一列长达2.7公里的2万吨重载列车经由此段线路时，几乎都是以俯冲的姿态运行的。在这样的线路上，由于惯性，2万吨列车产生的冲击力将急剧增加，如果操纵不够平稳，纵向冲动力控制不好，200多节车厢就会前堵后拥，轻则将中部机车挤坏，重则导致列车脱轨。这些世界级重载技术难题在其他线路上是想都想不到的。而当时的试验组成员、第二代重载司机代表李海龙却憋着一股劲："我们就是要在没有任何经验可以借鉴的情况下，成功试验开行2万吨重载列车。"

然而，在这一股劲的背后，却是整个家庭的付出。2004年12月13日20时，寒风中，李海龙顾不上吃晚饭，刚下班车就一路跑向大同市医院，那里，有他已出生5天的儿子和1个月没见面的妻子。李海龙平时在家日子本来就少，妻子对他没有过高的奢望。这次，妻子临产前20多天，他又接到去朔州进行2万吨重载列车试验的命令，一去就是一个月。分娩痛苦时，守在身旁的不是丈夫；手术签字时，拿起笔的不是丈夫；产后最虚弱的那几天，端汤送水的也不是丈夫。而今，看着风尘仆仆的李海龙，妻子的眼泪决堤了。不善言辞的李海龙，拿出一个泛着柔和银光的长命锁，递给了妻子。

那是检查指导试验的铁道部有关领导按照当地风俗送给新生儿的祝福。而当时，随时将进入重载列车试车启动倒计时状态的李海龙，只能把对妻儿的牵挂深深埋在心底。12月12日凌晨，顶着严寒，2万吨重载列车运行试验的工作人员整装待发。参加重载试验的铁道部领导，握着李海龙的手问："儿子起名字了吗？""起了，就叫万成！"李海龙没有丝毫迟疑。在场的人会心而笑。万成，2万吨重载试验成功！这，不仅是一个父亲赋予儿子的名字，更是一名共产党员、大秦铁路司机对于自己钟情的重载事业的挚爱与祝福。6时55分，列车划破清晨的静谧，出黄土高原，跨桑干峡谷，穿燕山山脉，隆隆向前。主控机车驾驶座上的李海龙，全神贯注。大拇指上的那一层硬茧，是他一次次摸索练习操控机车闸柄的"历史记录"。当天16时15分，长龙抵达柳村南站。2万吨重载组合列车试验成功。那一刻，品尝过酸甜苦辣的铁汉们，相拥而泣。病房里，妻子默默地听着丈夫的讲述。算不上是解释，但是妻子的心结已然打开；称不上是安慰，但是妻子的眉头已经舒展。

在困难面前，大秦铁路人没有止步，他们以砥砺先行的奋斗姿态，一次次选择迎难而上。而大秦铁路人面对成绩，也从来没有过自我满足，奋斗与超越已经深深地埋在了他们心里。

奋斗就是要吃别人没有吃过的苦。

大同工务段王家湾线路车间地处燕山深处、桑干河畔，担负着大秦线52公里的线路维修养护任务。这里条件艰苦是出了名的，但从大秦线开通之日起，这里的"坚守"精神也是出了名的。2019

⊕ 大秦铁路职工现场技术攻关

年 2 月 2 日，临近中午 12 点，在铁轨上忙活了一上午的王家湾河南寺工区职工王建设收工后扭头同工友们说，“等我十分钟。明天就过年了，我今天提前给老战友们拜个年。”说完，就一个人走向了旁边的小山坡。大家都知道，王师傅是要去给他在大秦铁路建设时牺牲的战友们拜年。战友们的坟墓离公路很近。因山上禁止放牧，墓前的枯草长得很高。王建设一边拔草一边说：“兄弟们，你们知道咱们大秦线有多牛吗？运量翻了好几番，是世界第一，你们功不可没啊！”拔了一会儿草，他伸手从怀里取出一束小花，认真地插在几座墓堆上。细致地干完这些，王建设手扶着一座墓碑，红着眼说：“过完年我也要退休回家了，恐怕再也不能陪兄弟们过年了……”2015 年起，第一代王家湾人陆续退休。为了铭记他们献身铁路事业、坚守大秦铁路的初心，传承他们艰苦奋斗、视安全为生命的精神，车间 60 名干部职工肩扛人背 50 立方米石头，垒成了“坚守”二字，诠释初心如磐的战斗堡垒。该车间党总支书记说，自 1988 年大秦线开通至今扎根山区奉献大秦的占更江、李树仁等 11 名职工，有身先士卒迎难而上的车间主任阮小五，有不畏艰险冲锋在前的“拼命三郎”班长王进，还有“打仗亲兄弟，上阵父子兵”的韩玉金、韩建秦父子等等，无不体现着几代王家湾人的奋斗历程和超越自我的宝贵精神财富。如今的王家湾已经成为全路党员教育示范基地，以它独特的方式传承着大秦重载精神。

在大秦线上，蕴藏着深深的自豪，更彰显着由衷的使命。这是热血的铁军队伍散发出的最具生命力的时代气息。这里还有数十年如一日，兢兢业业钻研重载车辆新装备、拥有 170 项革新成果的“铁路工匠”刘书学，风雨无阻、用青春扮靓大秦线的全国三八红旗手、“钢轨医生”秦皇岛西工务段柳村女子探伤班，让重载列车能“言”善“听”的通信工丁巧仁，以及“货运营销状元”薛胜利等一大批先进集体和个人。可以说，大秦铁路开通运营 30 多年来的每一次创新、每一项突破，都凝聚着一个个大秦铁路人、一个个党支部战斗堡垒的砥砺先行。在他们的影响和带动下，一代代、一批批大秦铁路人长期默默地守望在我国的重载第一路上，用他们的青春、智慧和汗水确保这条大动脉在一次次的千钧重担面前，始终保持着“重载脊梁”的本色。

超越就要奋斗，这是大秦铁路的精神追求，没有一代代大秦铁路人的艰苦奋斗、砥砺先行，就没有大秦铁路更加宏伟壮丽的未来，更不会有大秦重载精神的发扬传承。

“负重争先、勇于超越”的大秦重载精神，彰显了大秦铁路人爱党爱国爱路的家国情怀。一代又一代大秦铁路人从来到大秦线的第一天起，就以国家需要为最高需要，以人民利益为最高利益，始终听党话、跟党走，舍小家、为大家，长期奋战在大秦线上，战胜了各种难以想象的困难，展现了为国家发展、为民族复兴而奋斗的爱国主义信念和豪情，创造了人类铁路运输史上的非凡业绩。这里的每一名成员，身后都有一串带着笑与泪、浸着乐与苦、包含着人生温度的奋斗故事。正是有了这些了不起的大秦铁路人，大秦铁路才能不断追赶、不断超越，走出一条中国特色的重载发展之路。

★传承和弘扬大秦重载精神的现实意义

☆强化政治担当、牢记先行使命的需要

新时代，党中央作出建设交通强国的重大战略决策。铁路是国家战略性、先导性、关键性重大基础设施，是国民经济大动脉、重大民生工程和综合交通运输体系骨干，在经济社会发展中的地位和作用至关重要。站在“两个一百年”奋斗目标的历史交汇点，立足新发展阶段、贯彻新发展理念、构建新发展格局，大秦铁路要在“十四五”加快建设交通强国、完善综合运输大通道布局中发挥优势；在打好污染防治攻坚战特别是打赢蓝天保卫战中当好先行；在

用好“公转铁”政策红利、推进增收创效中实现领跑，尤其需要凝聚广泛的思想共识，熔铸坚实的精神支撑，激发强劲的先行动力。

要提高政治站位，阐释大秦重载精神。以习近平新时代中国特色社会主义思想为指导，通俗解读大秦重载精神所特有的红色基因，教育引导干部职工，坚决做到“中央有号召、铁路有行动”，始终坚持和加强党对国铁企业的领导，不断铸牢“根”和“魂”。

要厚植家国情怀，宣传大秦重载精神。站在历史发展阶段和时代背景下，解析大秦重载精神，教育引导广大干部职工更加深入学习党史、新中国史、改革开放史、社会主义发展史和铁路史，深情感受大秦重载的奋斗历程、巨大贡献、宝贵经验，深刻感悟蕴含其中的报国志向、担当品质、家国情怀，更加坚定自觉地听党话、跟党走。

要恪守初心使命，解读大秦重载精神。牢牢把握铁路企业服务人民的本质属性，引导广大干部职工始终践行“人民铁路为人民”的宗旨初心，奋勇担当交通强国铁路先行历史使命，知重负重、创新创效，在实现“十四五”经济社会发展目标、全面建设社会主义现代化国家新征程中，扎实推进党中央决策部署在国铁企业落实落地。

☆推动新时代铁路重载事业高质量发展的需要

国铁集团党组深入落实党中央、国务院《交通强国建设纲要》，制定出台《新时代交通强国铁路先行规划纲要》，对优化重载运输网、发展重载直达的先进运输组织方式、自主创新建立更先进的重载铁路成套关键技术体系等进行部署。特别是针对疫情影响和国家运输结构调整，国铁集团迅速作出“客运不足货运补”“用好大秦、浩吉等货运大通道”等经营策略，这是新时代铁路重载事业高质量发展的重要遵循。推动新时代铁路重载事业高质量发展，离不开“大秦模式”，更离不开大秦重载精神的传承弘扬，要把大秦重载精神的特质体现在各项管理体制、运行机制、制度体系当中，不断提高重载铁路治理的文化含量，增强内生动力。

要把大秦重载精神滴灌到重载安全治理体系当中。以强化重载安全意识教育为牵引，始终把重载运输安全作为首要政治任务，使之扎根于心灵、见诸行动，压实安全主体责任，深化“三位一体”安全保障体系建设，推动安全双重预防机制落实，常态化开展专项整治、挂牌督办，严格落实一体化、联合作业、联系、联控、联检等制度，强化重载安全应急处置，加快构建符合实际、系统完备、科学规范、运行有效的安全治理体系，全面提高重载安全治理能力。

要把大秦重载精神融入重载运输治理效能当中。深入分析总结重载铁路“速密重”匹配、“集疏运”衔接、“路港矿”协作、“产运需”互动和“产学研”联合等模式中的发展经验，善用先进理念、专业方法、精准举措来赋能减负、求实问效，围绕法治化市场化集约化经营，突出问题导向、目标导向、结果导向，引导干部职工打基础、抓关键、补短板、强弱项，进一步完善制度改革，清单化制定制度体系，深化重载运输领域提质降本增效，形成科学高效的治理模式，推动制度优势转化为治理效能。

要把大秦重载精神渗透到重载科技人文治理当中。以“人文+科技”为导向，深化人才强企、科技兴企战略，健全完善人才成长激励机制，加快重载运输高层次人才培养和高素质队伍建设，完善“平台+应用”重载科技创新体系，引导各级各类技术技能人才，在重载运输实践中敢担当、勇创新、讲奉献，推进“国字号”重载课题研究，推动重载关键核心技术不断取得突破，推行货运专线管理模式，形成重载铁路运营发展完整、成熟的中国方案，始终保持重载技术世界领先水平。

☆坚定文化自信、建设精神家园的需要

铁路企业文化作为中国特色社会主义文化的重要组成，在紧跟其发展方向和步伐的同时，又以自身的发展促进和推动着中国特色社会主义文化的发展。需要紧跟时代步伐，以中华优秀传统文化、革命文化、社会主义先进文化和中国特色社会主义伟大实践为指引，大力培育具有铁路特色的企业文化。大秦铁路作为中国重载铁路的一面旗帜，是中国重载铁路文化的发源地。弘扬和传承大秦重载精神对于培育重载铁路文化、坚定中国重载铁路文化自信起着至关重要的作用。

要抓实大秦重载精神引领，弘扬伟大铁路精神。把培育文化理念作为龙头工程，紧扣不负重托的担当精神、勇争一流的创新精神、砥砺先行的奋斗精神，深入挖掘内涵外延，撰写教育读本和文化手册，加强宣传阐释，纳入各级各类培训内容，广泛开展学习座谈、专题讨论、答题竞赛等教育活动，鲜明推动铁路精神进班组、

㊉ 丁巧仁技能大师工作室

进课堂、进头脑，增强干部职工思想认同、理念认同、情感认同。

要抓实大秦重载精神示范，培育重载先进典型。以常态化开展“最美铁路人”“新时代·铁路榜样”和劳模先进选树宣传为抓手，突出重载重责特点，立足运输生产、经营创效主战场，精心培育诚实做人、守信做事的典型人物，重点打造重载源头、钢铁动脉的重载名片，讲述接续奋斗的重载故事，抒发重载家国情怀，充分展示中国重载精神的硬核力量，提升企业文化“软实力”，形成见贤思齐、崇尚先进的良好风尚。

要抓实大秦重载精神建设，推进重载文化工程。巩固车间班组家园文化建设成果，持续开展文明段区、文明岗区美化绿化工程，规划建设一批满足实际需要、体现重载特色、职工喜闻乐见的文化园地。组织创作以最美重载铁路人和事为原型的优秀文艺作品，统筹文化、文艺等各方力量，讲好重载铁路故事，传播重载精神好声音。加强重载铁路示范点、示范线建设，交流在推进重载文化建设、重载精神培育过程中的优秀做法和典型经验，不断丰富充盈中国铁路重载文化建设实践经验。

征途漫漫，惟有奋斗！“大秦重载精神”是铁路人创造的宝贵精神财富，是中国铁路实现由落后到超越的力量源泉，是中国铁路屡创辉煌的精神支柱，值得深刻学习和认真研究，要将这些精神财富传承下去，使之成为铁路人无私奉献、勇攀高峰的不竭动力！

大秦重载精神典型人物

★景生启

湖东电力机务段重载司机

景生启，中国共产党党员，生于1972年5月。1993年从技校毕业后，被分配到刚成立不久的湖东电力机务段。参加工作以来，他始终秉承“会开车只是技术，开好车才是艺术”的执着精神，把“每一趟车都当作第一趟车去开”，2001年景生启成为重载司机，2006年被选拔为2万吨重载司机。

如今的他对6种型号机车的构造性能了如指掌，对大秦线20个站场设备、52座隧道坐标、19个长大起伏坡道烂熟于心。机车试验，用耳朵就能听出机车部件的工作状态；列车试闸，无须看表就能将不同长度列车充排风时间精读到秒；运行调速，驾驶台上倒满水的杯子滴水不溢；撂闸停车，2.6公里长的2万吨列车对标1米不差。

20年来，他驾驶着重载列车在653公里大秦线上往返1900余趟，相当于拉着万吨列车绕着地球跑了60圈。亲历了我国重载牵引技术从1万吨到2万吨、再到3万吨的重大突破，并在2014年大秦线3万吨重载试验中担当主控司机，见证了我国具有自主知识产权重载铁路技术的重大突破。

作为全路第一个享受国务院政府津贴的重载司机，他总结出“2万吨列车精准操纵法”“3万吨列车操纵法”，填补了世界重载列车操纵技术标准的空白，被称为中国铁路“重载第一人”。2019年荣获“新时代·铁路榜样”“最美铁路人”“三晋工匠”等荣誉；2020年荣获“全国劳动模范”荣誉称号。

★于永生

科学技术研究所高级工程师

于永生，中国共产党党员，生于1980年5月，现在科学技术研究所从事重载技术科研开发工作。他秉承大秦铁路人勇争一流的创新精神，承担完成的科研课题技术成果均达到全路领先水平，其中1项达到国际先进水平。他积极推广应用“四新”技术4项，主持实施自研成果转化累计达1500余万元，在以科技保障铁路运输生产和安全提效方面发挥了积极作用。

作为现代重载铁路科技的先行者，于永生承担或参与的科研课题包括国铁集团系统性重大课题“重载铁路技术升级深化研究”中“八轴货运电力机车技术升级技术研究”子课题，太原局集团公司“重载列车操纵评价技术研究”“重载列车操纵示意图编制软件开发”“重载列车运行仿真建模与多目标优化操纵技术研究”“重载列车智能操控系统规范研究”等6项重载铁路技术专项课题。其中，“新一代重载组合列车无线同步操控技术研究”和“重载组合列车自动驾驶技术研究”课题与人工智能深度结合，将有力地推动中国智能重载铁路技术发展，促进重载铁路核心技术自主创新，打破重载组合列车同步操控技术的国际垄断。

他先后荣获詹天佑科技奖、中国铁路总公司一级专业拔尖人才、中国国家铁路集团公司专业带头人、山西省“三晋英才”优秀青年人才、茅以升铁道工程师奖、太原铁路局专业技术人员贡献奖等多项个人奖励及荣誉称号。

★王养国

阳原供电车间工长、党支部书记

王养国，中国共产党党员，生于1971年1月。大同西供电段阳原供电车间阳原供电运行工区工长、党支部书记。1990年入路，分配到大同西供电段阳原供电车间工作，他30年如一日，精心养护着大秦铁路44公里接触网供电设备，即便妻子身患重病，仍坚持把妻子带在身边工作，用默默无闻的“坚守与奉献”，诠释了大秦铁路人负重前行的精神品格。

先后带领工区职工对改造接触网“终端标”、加固分相绝缘器三脚架、改良接触网断线快速接线工具、制作“驱鸟器”等项目进行立项攻关，解决了一批制约大秦铁路供电安全生产的典型问题。

2012 年担任工区工长、党支部书记后，总结出眼到、口到、手到、心到“四到”思想工作法，为职工疏通思想、解决困难，帮助沉迷网游职工戒掉网瘾，职工孩子便血他帮着联系专家，职工父亲摔伤他背着送到医院……用自己的真情付出赢得了职工的信任和支持，把职工紧紧团结在一起。工区在他带领下，连续 13 年无责任设备故障，成为大秦线上名副其实的“供电稳压器”。

2017 年被确立为全国“两学一做·榜样”十大宣传对象，荣获“山西省五一劳动奖章”“火车头奖章”“山西好人”称号，2018 年荣获“太铁之星”、中国铁路总公司“优秀共产党员”称号，2019 年荣获“山西省劳动模范”称号，2020 年荣获“三晋最美家庭”等荣誉称号。

★薛胜利

朔州车务段货运值班员

薛胜利，中国共产党党员，生于 1969 年 5 月。1987 年参加工作，现任太原局集团公司朔州车务段宋家庄站货运值班员。自大秦线开通后，30 年来始终奋战在大秦铁路货运增量主战场上。

超偏载是影响大秦线运输畅通的最大敌人，因列车超偏载引发的行车事故，会直接影响大秦线正常的运输秩序，每耽误 1 分钟就会造成数十万元的巨大损失。为了彻底消灭超偏载，潜心钻研治超十二载，终于摸索总结出查、校、盯、比、核“胜利五字治超法”，一举攻克了困扰车站多年的货装安全难题。8 年来，经他把关的 180 多万辆车，全部实现货装安全零超偏，相当于地球直径的 1.7 倍。

为实现货运增量，带领营销队伍进矿区、闯市场、揽货源，向客户阐释铁路运输的长远优势，帮助客户增强发运信心，通过推心置腹、换位思考、贴心周到的“心心相印”营销法，赢得客户信赖，让铁路和客户真正成为唇齿相依、路企互利的共同体。从 2013 年至今，宋家庄站货运量实现了连年 4% 的增长率，2020 年开创了年发运量 2203 万吨的历史最高纪录，占大秦线运量的 6.4%，成为大秦线运量的主要增长点。

2017 年荣获火车头奖章、2018 年荣获中国铁路总公司优秀共产党员、2020 年荣获山西省五一劳动奖章等荣誉。

★秦皇岛西工务段柳村女子探伤工区

秦皇岛西工务段柳村女子探伤工区，2007 年 1 月 26 日成立，共有女工 14 人，是太原局集团公司工务系统唯一整建制由女工组成的探伤工区，担负着“中国重载第一路”大秦线柳村、港站及秦东三个大型编组站118公里线路和274组道岔的钢轨探伤检测任务。

为了准确甄别大秦线上钢轨可能出现的上百种伤损隐患，女子探伤工区的女工们班后在学习室学习探伤作业理论知识，提升自身业务素质；在数据回放分析室研究探伤数据，探究伤损出波规律；在演练场开展学技练兵竞赛，苦练“一手精、一口熟、一摸准、一考通”的专业技能。14年间，她们总结出了“安全七字七句口诀”“一日探伤作业标准程序”和“探伤风险防控流程图”等理论成果。

14年来，女子探伤工区的女工们在这个连男同志都难以承受的苦、脏、累的探伤岗位上，常年经受着室外作业对体能和生理的巨大挑战。由于管内区域坡道多、钢轨侧磨严重、站场往返列车频繁，她们负载50多公斤重的探伤仪日行检测6公里，上下道往返抬运仪器数百次，徒步推行六七个小时。他们走过13311.032公里线路，保障了25312组道岔的安全，创造了5000多天“零漏检、零误判、零违章、零事故”的纪录。她们先后准确判断811处伤损，减少疑似伤损复核262处，累计节约维修成本56万余元。

该工区先后荣获全国五一巾帼奖状、全国五一巾帼标兵岗、全国工人先锋号等荣誉。现任工区工长、被称为钢轨“女医生”的谢小伟，作为这个工区的杰出代表，先后荣获火车头奖章、全国铁路巾帼标兵等荣誉称号。

主讲人：中国铁路太原局集团有限公司党校讲师　郭思璐

资料来源：中国铁路太原局集团有限公司党委宣传部

中国铁路太原局集团有限公司湖东电力机务段党委

10

铁路红色基因

第 十 讲

青藏铁路精神

筑前无古人之路

凝民族复兴之魂

一条神奇的天路，满载着全国各族人民的希望，跨越昆仑、穿过草原，在雪山流云间蜿蜒穿行，从此，雪域高原不再山高，不再路长！蕴含其中的“挑战极限、勇创一流”的青藏铁路精神，是中国共产党人永葆初心，带领各族人民追求民族复兴的真实写照，也是几代铁路人艰苦奋斗、矢志不渝，践行“人民铁路为人民”宗旨的生动实践。

扫一扫，收看慕课

2006年7月1日，跨越世界屋脊的青藏铁路开通。面对极端恶劣的自然环境，青藏铁路人以不畏艰险的英雄气概和求真务实的科学态度，挑战着生理与心理极限，以惊人的毅力和勇气战胜了各种难以想象的困难，用自己的心血和汗水谱写了人类铁路发展史上的辉煌篇章。在把青藏铁路建设和运营成为世界一流高原

↑兰新高铁穿越门源花海

铁路的过程中，凝聚而成的“挑战极限、勇创一流”的青藏铁路精神，既是对青藏铁路人扎根高原、无私奉献群体形象的具体印证，更是在新时代凝聚职工队伍合力，引领铁路高质量发展的思想旗帜和精神动力。

★青藏铁路精神的历史渊源

“挑战极限，勇创一流”的青藏铁路精神，源自爱国主义精神，在马克思主义理论中国化的实践中，在革命精神新时代的传扬中，在几代人用心血和汗水追寻梦想的过程中日臻成型，并把这种信念贯穿到挑战一切极限和困难、创建一流高原铁路的理想之中。

☆来源于民族精神

青藏高原，世界屋脊，这里高寒缺氧，自然环境极端恶劣，许多区域被称为“生命禁区”。千百年来，因为受恶劣环境限制，青藏高原的农牧民沿着“海藏通衢”“唐蕃古道”和“丝绸之路”的南路，赶着牦牛，牵着骆驼，爬高山、越荒漠，与内地进行商贸交流，但这些通道极为原始简陋，运输能力非常有限和艰难，远远不能满足青藏高原地区的发展需求和促进全国各族人民团结、维护祖国边疆稳定的现实需求，所以就有有识之士提出要打破青藏高原的运输瓶颈。

最早从宏观上提出修建青藏铁路的是民主革命先行者孙中山先生，他在1917—1919年撰写的《建国方略》中，对“高原铁路系统”规划有16条，其中的“拉萨至兰州线”经过藏北和青海南部进入青海湟源，再沿湟水河峡谷经西宁直到兰州。但修建青藏铁路何其艰难，这一设想一经提出，便被斥为“空谈”！ 20世纪美国旅行家保罗·泰鲁就断言：“有昆仑山脉在，铁路就永远到不了拉萨。”孙中山也曾向《纽约先驱报》记者威廉·亨瑞·端纳诉说了自己的造路计划，端纳后来在致友人的信中说：“那个地方连牦牛都上不去，怎么可能架设铁路呢？我确信他不仅是个疯子，而且比疯子还要疯。”诚然，在那个国家动荡不安、国力积贫积弱的年代里，“修建高原铁路”的确是充满浪漫主义、不可能实现的命题，但身处民族危难的中国人不屈不挠的精神从未消失，一拨接一拨胸怀中华民族复兴梦想的中国人不甘贫弱、前赴后继，将自己的强国之梦制成宏伟纲领，昭示着中华民族永远不甘落后，为富民强国梦想奋勇向前的伟大精神，这正是青藏铁路精神的起源。

☆成型于建设时期

新中国成立后，中国共产党人高举起追求民族复兴的伟大旗帜，带领中国人民以英姿勃发的姿态屹立于世界民族之林，中国铁路的发展也进入了崭新的时代，青藏铁路精神在几代铁路人的追梦实践中孕育成型。1953年，毛主席亲自点名，让熟悉西部地区的王震将军出任铁道兵司令员，王震向毛主席表达决心，“我们一定把铁路修到喜马拉雅山下去”。1955年10月，慕生忠将军奉中共中央命令，带队首次对修建青藏铁路进行可行性实地调研。1956年1月，铁道部开始勘测设计兰青铁路和青藏铁路。兰青、青藏铁路的勘测工作是一项十分艰巨的任务。艰苦的自然环境和严重的高原反应，不少人因此患了病，有的同志甚至献出了宝贵的生命。勘测设计青藏铁路的首任总设计师庄心丹，从1957年至1961年间，他带领11人的勘测小组，一直奔波在青藏高原上。当时条件十分艰苦，没有仪器，所谓的踏勘基本上就是靠双耳听、双眼看、双脚走。在海拔5000米以上的昆仑山顶、风火山上，庄心丹带领勘测人员忍受着高原反应，饿了啃冻馍，渴了喝冰水，晚上住帐篷，浑身上下落满尘土，眉毛胡须都结了霜花。在柴达木盆地，他们克服缺水干旱、沼泽泥泞等困难，历时7天横穿近200公里无人区，终于闯出了“生命禁区”。庄心丹亲笔写下的数十万字的勘测报告，确定了青藏铁路的进藏路线。后来，在追忆这段艰苦岁月时，庄心丹写道，“七月飞雪衣衫薄，清晨抱被卧冰层，空气稀薄难行路，岭顶相传十二步”。2004年这位老人病逝，儿女们在老人留下的一本小册子上看到这样一行字，“火车西上拉萨日，家祭无忘告乃翁……”我们无法体会当年庄心丹和同事们到底经历了怎样的艰难，也无法知道他们多少次与死神擦肩而过，但是，我们可以看到第一代青藏铁路建设者锲而不舍、一心为国的精神特质。在恶劣的自然环境中，在强烈的使命召唤下，青藏铁路精神的萌芽正在孕育、萌发！

按照规划，青藏铁路建设分为三步，第一步是修建兰青线，第二步是修建青藏铁路西格段，第三步是修建青藏铁路格拉段。1958年5月，青藏集团公司的前身，原铁道部第六工程局动工修建兰青铁路。在铁路建设大军的日夜奋战下，兰青铁路的建设快速推进，1959年8月4日，铁路铺轨至民和车站；9月7日，第一列火车开进乐都车站；9月22日，铁路铺轨到西宁火车站。至此，只用了16个月的时间，兰青铁路胜利建成通车。从这天起，铁路把古城西宁和首都北京紧紧地连在了一起，结束了青海没有铁路的历史！10月1日，在西宁火车站隆重举行了兰青铁路通车典礼，披红挂彩的列车满载着乘客，从高高的彩门中徐徐开出，向着兰州方向驶去，欢呼声、掌声响彻大地。

从1958年9月起，在兰青铁路开工建设的同时，上万名铁路建设者开始了青藏铁路第一期工程——西宁至格尔木段的建设。但由于青藏高原艰苦的自然环境和施工条件等因素制约，1961年，青藏铁路被叫停。1973年12月9日，毛主席会见尼泊尔国王比兰德拉时说，“青藏铁路修不通，我睡不着觉”。正是这句话让沉寂

⊕ 1959年，兰青铁路顺利建成通车，结束了青海没有铁路的历史

了13年的青藏铁路计划再次被提上日程。1974年，铁道兵第七师、第十师挥师高原修建青藏铁路。当时，铁道兵施工设备十分简陋，没有什么现代化的施工机械，打隧道靠的是风枪、铁锹、榔头，基本是靠人拉肩扛。漫长的战线、简陋的设备、恶劣的自然环境，决定了这是一场艰苦的大会战！

关角隧道，作为西宁至格尔木段的重点、难点工程，全长4.01公里，平均海拔3600米，共遇到10条断层带，地质复杂，地下水丰富。在关角隧道的修建过程中，塌方灾害频发，给施工造成了极大困难。在青海省天峻县的烈士陵园中，长眠着55名英灵，他们中最小的19岁，最大的也就23岁，在如同朝阳一般的年纪里，将自己的生命永远定格在了雪域关角，将“挑战”“奉献”等字眼鲜明地书写在奋战高原的旗帜上，谱写出青藏铁路建设史上独一无二、壮怀激烈的英雄篇章。

1975年4月5日10时，隧道洞体发生了30米大塌方，将127名官兵堵在了隧道里。本来就缺氧的隧道又被塌方堵断，地下水排不出去，水位不断上升。在危急关头，战士们眼见与自己朝夕相处的战友生死未卜，个个急红了眼，他们分成几批轮番上阵，手刨、脚蹬、铁锹挖，一米一米地向前推进。经过14个多小时的浴血奋战，终于，打通了一个小洞。心急的抢险战士袁武学把头伸了进去，并用力往里钻，里面的战友见了都疼爱地骂他：“你进来找死啊！”袁武学却说：“少啰嗦，赶快往外爬。”一个、两个、三个……当最后一名战士爬出洞外时，守候已久的战友们再也控制不住内心的激动，瞬间炸开了锅，他们有的欢呼，有的雀跃，有的跪倒在地，有的相拥而涕……一场惊动了中央的特大塌方抢险战斗，以127名指战员全部脱险的结果胜利结束。

张生林是参与老关角隧道修建的原铁道兵战士，复员后转业到了铁路部门。2003年，本可以提前退休的他放不下亲身丈量过的关角，放不下魂牵梦萦的战友，主动请缨回到关角隧道继续工作，他说："为了那些牺牲的战友，我也要把这条隧道守护好。"在他眼里，关角就是他的生命，而在别人眼里，关角就是一种精神，这种精神感染着每一个听闻它的人。张生林退休后，他总会来到关角隧道祭奠长眠在这里的战友，向战友们念叨新关角隧道、讲讲铁路新发展。他一再叮嘱子女们："等我百年了，你们就把我的骨灰撒

↑ 1984年5月1日，青藏铁路西宁至格尔木段全线投入运营

到关角，让我跟战友们永远在一起。”

伟大的实践是伟大精神的“磨刀石”，在一代代的传承中，精神的力量在青藏铁路人的胸膛中撞击出一曲曲英雄赞歌。经过艰苦卓绝的奋战，青藏铁路西格段于1984年5月1日开通运营。青藏铁路运营者从英雄前辈的手中接过了接力棒，勇担起新的历史使命。在戈壁荒滩、雪域高原，冒风雪、战严寒、抗缺氧，克服简陋的生产生活条件和远离人群的孤独，以超人的意志、默默地坚守确保青藏线的安全畅通。

西格段通车初期，沿线站区百业待兴，全线普遍缺水少电、缺粮少菜、缺医少药，住房只能搭帐篷、挖地窝子，很多时候几根枕木排在一起就成了通铺，遇到狂风暴虐，帐篷会被拔地而起、抛上天空，睡在地窝子里的职工，眼睛、鼻子、嘴里都会被吹满沙子。然而，再艰苦的生活也无法击败青藏铁路人。他们在荒凉的铁道边，在前行的机车中，在嘈杂的车厢里，在孤寂的小站上，在一个个平凡的岗位，谱写下不平凡的业绩，守护着这条前人用汗水和生命铺就的钢铁大道。正是这些平凡而光荣的青藏铁路人，用高度的使命感和顽强的作风，确保了“世界屋脊钢铁大道”的安全畅通，也正是在青藏铁路人的滋养灌溉下，“扎根高原的吃苦精神，立足本职的创业精神，协作有爱的团结精神，默默无闻的奉献精神”这一老青藏线精神孕育而出并发扬光大，引领着青藏铁路人肩负使命，克服困难，把青藏线打造成为“团结线、生命线、幸福线”，并为后来青藏铁路精神这一企业灵魂的铸成奠定了坚实的基础。

时间的车轮流转飞逝，但总有一个声音在心中呼唤——“一定要把铁路修到拉萨去！”进入21世纪，国家的综合实力显著增强，党中央、国务院决定修建青藏铁路二期工程格尔木至拉萨段。2001年6月29日，青藏铁路第二期工程格尔木至拉萨段工程开工典礼在南山口火车站和拉萨河畔造耳峰隧道同时举行，青藏铁路格尔木至拉萨段全长1142公里，是世界上海拔最高的高原铁路，13万建设者攻克了“多年冻土、高寒缺氧、生态脆弱”三大世界性工程技术难题，填补了国内多项技术空白。张鲁新，著名的冻土科学家，曾任青藏铁路建设总指挥部专家咨询组组长，他说：“我一生就做了一件事，就是解决高原冻土。”青藏铁路二期工程下马后，许多专家调走或者改行，他却选择留下来，夜以继日地攻克冻土难题，在寂寞中研究、在痛苦中等待，数次差点步入“鬼门关”。1976年8月的一天，张鲁新带队到尺曲河考察，一场暴风雪突然袭来，天昏地暗，让他们瞬间迷失了方向。夜里3时，三人再也走不动了，蜷缩在一个避风处，张鲁新甚至开始想遗书怎么写，而最关键的是，冻土资料如何保留？迷迷糊糊中，张鲁新听到有人带着哭声呼喊着他们的名字，当时他们三人已经又累又饿，没有力气发出一丝声音。万般无奈中，张鲁新掏出身上唯一的纸烟盒，里面仅剩下三根火柴，点燃一根，瞬间被风吹灭，再点燃一根，没有人注意到，张鲁新怀着最后一丝希望，把最后一根火柴点燃，火苗蹿起，借着黑夜中的一点光亮，同伴终于发现了他们。在生命的危难时刻，张鲁新最为挂念的还是冻土资料的存亡，正是“一生只做一件事”的信念支撑

唐古拉工区的劳动者

着张鲁新坚守高原，直到青藏铁路建成。建设者们凭借着“艰苦不怕吃苦，缺氧不缺精神；风暴强意志更强，海拔高追求更高”的精神状态，以科学严谨、实干创新的工作态度，破解了一个又一个难题，为“三大难题”的攻克提出了解决方案，历时 5 年终于把火车修到了拉萨，并在项目管理、工程质量、健康保障、环境保护和冻土施工等方面取得了举世瞩目的骄人成绩，具有鲜明高原特色和时代特征的“挑战极限、勇创一流”青藏铁路精神也孕育而出。

“挑战极限，勇创一流”青藏铁路精神表述语的形成，来自青藏铁路建设实践，反映了青藏铁路特点，体现了青藏铁路建设主旨和广大建设者的追求与意志。2002 年 5 月 27 日，胡锦涛同志视察青藏铁路建设工地，明确了“建设世界一流高原铁路”的目标，激励广大建设者不断提升敢于挑战、拼搏奉献的精神境界。青藏铁路参建者们在攻克难关、创造奇迹的进程中，也纷纷提炼出自己的企业精神，如中铁一局概括出“艰苦不怕吃苦，缺氧不缺精神，风暴强意志更强，海拔高追求更高”的“高原铺架精神”；中铁十七局概括出“挑战雪域之巅，甘于吃苦奉献，崇尚科学求实，打造最高亮点”的“唐古拉精神”等，为总结、提炼青藏铁路精神积累了核心内涵，提供了坚实基础。随着青藏铁路工程建设的不断进展和英雄群体、模范人物先进事迹的大量涌现，铁道部党组把握有利时机，有组织地开展总结、提炼“青藏铁路精神”工作，经广泛征集，提炼形成了“挑战极限，勇创一流”的“青藏铁路精神”表述。

2006 年 7 月 1 日，在青藏铁路通车典礼上，胡锦涛同志指出，青藏铁路建成通车是几代中国人梦寐以求的愿望，再次向世人昭示，

⇧ 2006 年 7 月 1 日，青藏铁路全线开通运营

勤劳智慧的中国人民有志气、有信心、有能力不断创造非凡的业绩，有志气、有信心、有能力屹立于世界先进民族之林，并号召全党全国各族人民学习和弘扬“挑战极限、勇创一流”的青藏铁路精神。

☆丰富于运营时期

伟大的实践产生伟大的精神，伟大的精神推动伟大的实践。“挑战极限，勇创一流”的青藏铁路精神既是对“特别能吃苦、特别能战斗、特别能奉献”的老西藏精神、“逢山凿路，遇水架桥，铁道兵前无险阻；风餐露宿，沐雨栉风，铁道兵前无困难”的铁道兵精神和“吃苦、创业、团结、奉献”的老青藏线精神的继承发扬，也是新时期火车头精神的生动展现。到了运营时期，青藏铁路精神被赋予新的内涵，为管好用好世界一流高原铁路，把青藏铁路运营成为沿线各族人民的经济线、团结线、生态线、幸福线提供着源源不断的精神养料。

开通运营以来，青藏铁路集团公司以科技为支撑，通过先进的列车运行控制、安全监测系统和冻土路基主动保温等措施，保障青藏铁路安全平稳；以加快中西部铁路建设为契机，先后建成兰青铁路、拉日铁路、西宁站改工程、新关角隧道、敦煌铁路、格库铁路等一批重点项目，拉萨至林芝、西宁至成都铁

在格尔木站站台上作业的真空吸污车

路加快推进，兰新高铁的开通运营更是引领青藏高原从普速迈入了高铁时代；以服务地方经济社会发展为使命，不断优化运输组织，升级服务标准，从青藏铁路全线开通至2020年底，集团公司累计运送旅客2.58亿人，运送货物6.6亿吨；通过大力开展绿化建设、实行污水污物集中收集处理、设置野生动物迁徙通道等措施，打造出一幅人与自然和谐相处的美好画卷。同时，以改善职工生产生活设施条件、加强卫生保障体系、开展帮扶救助为重点，构建“天路”和谐家园，不断提高企业的凝聚力、向心力。

运营以来，青藏铁路集团公司先后荣获了“国家环境友好工程奖”“国家科学技术进步特等奖”“全国民族团结进步模范集体”“全国五一劳动奖状”等荣誉，几乎每个工种、每个领域都有一批荣获国家级荣誉称号的先进集体和个人。有获得全国文明单位的西宁站、拉萨站；有荣获“全国先进基层党组织”的格尔木工务段唐古拉线路车间和西宁客运段宁藏车队；有长期扎根高原、战风雪斗严寒，以高度的责任心确保青藏铁路安全畅通的天路卫士许宝平、于本蕃等；有追求服务质量、创新服务举措，用温情和细心提高工作水平的服务明星黄丽敏、斯朗卓玛等；也有钻研专业知识、带头攻关难题，破解技术“疑难杂症”的铁路工匠马云、冯秀莲……这些典型的涌现，印证着在运营时期青藏铁路精神的强大作用，像一面面飘扬在千里青藏线上的鲜红旗帜，引领着广大职工为打造世界一流高原铁路砥砺奋进、勇往直前。具有高原铁路特色的青藏铁路精神获得“新中国 60 年企业精神 60 佳”荣誉称号。

★青藏铁路精神的内涵

在“挑战极限，勇创一流”的青藏铁路精神中，“挑战极限”是指挑战青藏高原高寒缺氧、风大干燥、极端恶劣的自然环境，以及青藏铁路所处末端的路网位置和地理位置；“勇创一流”是指通过扎实的工作、科学的管理，把青藏铁路建设、运营成为世界一流高原铁路，造福青藏两省区人民的宏伟目标。

☆爱国主义的豪情壮志

从构想到建设，从建成到运营，无论哪个时期，青藏铁路的参与者都以国家需要为最高需要，以人民利益为最高利益，在追求民族复兴的道路上前赴后继，甚至有许多人将个人生死置之度外，体现出浓浓的爱国情怀。在兰青、青藏铁路的勘测工作中，铁一院二总队的共产党员蔡万民在勘测青藏铁路格尔木至拉萨段时身体出现不适，领导和同事们劝他下山休息，但他知道勘测任务时间紧迫，不到万不得已是决不能离开的。他坚持上高山到现场，当行至海拔四五千米的风火山一带时，剧烈的高原反应重重地将他击倒，最终经抢救无效因公牺牲。这位只有 19 岁的年轻党员始终不忘自己的责任与担当，用生命践行了祖国和人民交予他的使命。

“万丈盐桥”，青藏铁路上一个享誉世界的神奇工程，每当人们坐着火车飞驰在这段 32 公里长的铁路线上时，都会惊叹当年的建设者是何等的大胆和智慧，竟然在盐壳上修筑起铁路。格尔木工务段达布逊工区就坐落在察尔汗盐湖上，这里寸草不生，缺氧量达 40% 以上。这里的职工最期待雨天，因为这样空气里的盐碱味就会淡一点；这里的职工也最害怕雨天，因为雨水会使盐壳溶化，造成线路塌陷。

1989 年，由于气候异常，昆仑山积雪大量融化，达布逊湖水暴涨，10 月 17 日清晨，盐湖上突然刮起八级大风，工区和线路被滔滔洪水包围，如果洪水将盐壳溶透，盐壳上的一切便会沉入几十米深的盐湖中荡然无存。在这随时都有生命危险的紧要关头，工区职工为了保住这来之不易的铁路线，竟然没有一人后退，他们立即奔赴水害最严重的区段检查和抢修线路，设置水位监测桩，引导机车慢行通过，大家只有一个信念：“人在工区在，人在线路在”。工

⊕ 500 米长轨运输车在青藏线格拉段进行换轨作业

区职工李富收担任引导机车通过任务，连续值班三天三夜，20 日下午，他送走最后一趟列车后却迟迟没有回来，当大家顺着线路寻找时，他正躺在路肩上，原来，因极度疲劳，他已昏睡过去。经过 30 多个日日夜夜的奋勇拼搏，线路保住了，安全保住了。达布逊人在“生命禁区”挑战着生理的极限，书写下团结奉献的精彩传奇。正是这些一代又一代平凡而光荣的青藏铁路人，确保了“世界屋脊钢铁大道”的安全畅通。他们以超人的意志、默默地坚守开创了“安全稳定、运输畅通”的崭新局面，展现了为国家发展、为民族复兴而奋斗的爱国主义信念和豪情。

☆不忘初心的责任担当

传承先辈遗志，牢记国家重托，不管在建设时期，还是在运营时期，青藏铁路人坚守如一的初心就是“以人民为中心”，用实际行动践行“人民铁路为人民”的宗旨。“黄昏我站在高高的山岗，盼望铁路修到我家乡，一条条巨龙翻山越岭，为雪域高原送来安康。”一首《天路》，红遍大江南北；一条天路，记录历史和豪迈；一条天路，寄托梦想与期待；一条天路，驶向幸福和未来。过去西藏没有铁路时，进出西藏的物资和人员主要依靠公路和航空，不仅公路和航空运输压力大，而且不能满足西藏经济社会发展的需求。而作为铁路神经末梢所在的青海省，也因区域运输受限，制约了经济的发展。青藏铁路的开通运营，彻底打破了长期制约青藏两省区经济发展的运输瓶颈，大力推动了经济社会持续健康发展。

随着青藏铁路的投入运营，青藏两省区经济社会发展步入快车道，特别是西藏的旅游经济呈井喷式发展。丹增顿珠是拉萨市八角街著名的藏餐馆——“玛吉阿米”的老板，十几年间，他不仅做强了拉萨总店，而且在首都做大了北京分店。他说：“火车把消费者带到拉萨，又把最新鲜的青稞等藏餐食材运到北京，铁路让我打响了‘玛吉阿米’的品牌。”

青藏铁路的投入运营，大力推动了能源、化工、农牧、旅游等产业的兴起，沿线群众的出行方式得到了根本改善，经济发展模式深刻变革。“直通快车”“中欧班列”“唐竺古道”“五彩哈达”等特色品牌的打造，让客货服务水平不断提升，沿线农牧民纷纷吃

↑ 中国拥有自主产权的 HXN3 型高原内燃机车

上了“铁路饭”。坐落在拉萨市区周边的堆龙德庆区色玛村曾是一个靠天吃饭的小村庄，全村 800 多户人家靠种田、放牧生活。青藏铁路通车后，色玛村借助毗邻拉萨西火车站的地理优势，建立了西藏最大的铁路货场运输场地，成立了物流公司，办起了货物运输业务，群众的生活也从务农变成了经商，人均年收入从当初只有 2000 元到 2018 年超过 1 万元。2015 年，色玛村低保家庭全部脱贫，村民的生活也翻开了新篇章。

近年来，青藏铁路集团公司管内路网逐步形成“东接内地、南连川滇、西达新疆、北上敦煌”的枢纽型结构框架，西藏铁路网也逐步完善，形成以青藏铁路、拉日铁路、拉林铁路三条铁路构成的

“Y”形主骨架和多条铁路辐射周边的铁路网，不仅带动了铁路沿线企业的发展和富余劳动力就业，而且对拉动地方经济增长、扩大内需、改善民生发挥了重要作用。

在中国铁路步入全面建设交通强国的新时代，青藏铁路人以高度的责任感、使命感和锐意进取的改革精神，大力弘扬青藏铁路精神，万众一心、主动作为，充分发挥青藏铁路政治线、经济线、团结线、生态线、幸福线的辐射带动作用，用实际行动践行着“人民铁路为人民”的初心和使命。

☆顽强拼搏的奉献情操

青藏高原环境恶劣，条件艰苦，而青藏铁路人扎根雪域，立足本职，以苦为荣，与苦相伴，他们缺氧不缺精神，艰苦不怕吃苦，用顽强的作风和激昂的斗志、默默的付出和无私的奉献，谱写了艰苦创业的英雄赞歌，矗立起千古不朽的高原丰碑。

在青藏铁路格拉段开通运营初期，24岁的于本蕃来到了天路之巅的唐古拉，担负起青藏铁路全线海拔最高、自然条件最差、灾害最多的125公里冻土线路养护任务，在这个“风吹石头跑，氧气吃不饱，四季穿棉袄”的“生命禁区”，于本蕃每天带领着工友们在刺骨的寒风中检查、起道、拨道，一干就是十几个小时，而这一待就是15年。青藏铁路格拉段刚开通时，唐古拉附近线路不时会出现冻土路基溶洞、冻土空穴等线路病害，严重影响到行车安全，职工们通过注浆、浇筑等方式及时回填溶洞、夯实路基，并通过埋设散热棒、浆砌片石等综合整修，确保了冻土路基稳定。2015年3月，于本蕃在巡查线路时发现了一处长 15 米、塌陷最大地段达 20 厘米的线路故障，他立即带领队伍冒雪完成近 5 个小时的路基夯实。线路顺利开通后，大雪却始终未停，体力已严重透支的于本蕃还是决定留守现场，严密监视整治路段状态，确保安全万无一失。工友们劝他回去时，他说道：“我是一名党员，又是车间干部，多干点是应该的。”“挑战极限、勇创一流”精神闪耀在于本蕃身上，也闪耀在 2 万多名青藏铁路人身上！

☆务实创新的管理理念

在国内外没有成熟经验可直接应用的情况下，青藏铁路人自力更生，自主创新，针对“高寒缺氧，高原冻土、生态脆弱 ”三大世界性难题，闯出了一条以科技保安全、以科技促发展的自主道路，青藏铁路是世界上地质条件最复杂、线路最长、海拔最高、自然环境最为恶劣的高原铁路。海拔 4000 米以上的地段有 960 公里，连续多年冻土层区段 550 公里以上。由于冻土区段不同季节温差极大，路基因热胀冷缩会严重变形，铺在路基上的钢轨也会随之出现高低不平的状况，影响青藏铁路列车的正常运行。为确保冻土路基稳定，青藏集团公司自主创新了高原铁路的养护、维修、检查、监测等管理模式。结合冻土特点，按照“主动保温”的原则，采取片石保温隔热、热棒降低地温和通风管隔热等技术，确保了冻土路基的整体稳定。目前，青藏铁路运行时速可达 100 公里，远远高于俄罗斯等国家冻土铁路 40 公里至 60 公里的运行时速。

青藏铁路在运营管理中以“绿色、智能、可持续发展”为主线，

行驶在青藏线上的列车和铁路安全区外的羊群，构筑起一道和谐美丽的风景线

坚持体制机制创新，努力打造规范高效的现代化企业管理运营体系。由于青藏铁路纵跨青藏高原腹地，途经可可西里、三江源、环青海湖地区等多个自然保护区，沿线高寒缺氧、生态非常脆弱，对环境保护要求极高。青藏铁路集团公司在运营管理中先后健全完善环境保护机制256项，坚持“预防为主、保护优先、开发与保护并重”的原则，开展绿化建设和植被恢复、治理沙害。青藏铁路沿线设置野生动物迁徙通道，与“高原精灵”和平共处，据青藏铁路沿线野生动物迁徙监测数据显示，野生动物通道的使用率已经从2004年的56.6%逐步上升到了100%，打造出一幅人与自然和谐相处的美好画卷。

“挑战极限，勇创一流”的青藏铁路精神是这个时代宝贵的精神财富，时代赋予我们艰巨而光荣的使命，我们必须加倍珍惜，不懈努力。

★传承和弘扬青藏铁路精神的现实意义

新时代，我们要认真贯彻落实习近平总书记发扬“两路”精神和青藏铁路精神的指示要求，以造福人民群众为使命，以运营管理世界一流高原铁路为目标，把精神的力量融汇到安全生产、运输服务、铁路建设、民生工程等方方面面，锐意进取、攻坚克难，担负起交通强国、铁路先行历史使命。

☆彰显时代精神

弘扬青藏铁路精神是追梦前行的时代需要。一种精神，在不同的时期、不同的阶段，会围绕一个本源和初心，根据时代的需求涌现出不同的精神内涵。新中国成立初期，国家科技和装备力量不足，同时又面临巨大运输需求，青藏铁路精神更多体现的是青藏铁路人战天斗地、艰苦奋斗的革命英雄主义气概；随着时代发展，国力得到明显提升，青藏铁路精神在建设运营实践中，更多体现的是如何运用科技手段，实现生产方式和生产资料配置的最优化，“科学管理”的精神内涵集中显现。如今，青藏铁路的干部职工肩负新的时代使命，依然日夜工作在青藏高原高寒缺氧、极端恶劣的自然环境中，始终以“管好用好世界一流高原铁路”为目标，用实际行动诠释敢于担当、勇于奉献的崇高精神。“挑战极限，勇创一流”的青藏铁路精神将在新的实践中产生更为丰富的内涵。

☆促进企业文化建设

企业文化作为企业发展的核心竞争力，基本要素是企业经营哲学、企业精神、企业价值观等理念文化，其中企业精神作为企业员工共同的心理和价值取向，是企业凝聚人气、鼓舞士气的一面旗帜。传承、践行青藏铁路精神，既体现了企业文化“以人为本”的根本特征，又是企业精神文明建设的客观要求，更是独特、艰苦的青藏铁路的必然选择。

弘扬青藏铁路精神，要着力用好“新时代·铁路榜样”“践行青藏铁路精神榜样”等品牌载体，讲好青藏铁路故事，不断发现在铁路改革发展实践中，具有坚定乐观、积极向上优秀品质的先进典型，发挥其示范带动作用，引导干部职工成为青藏铁路精神的积极倡导者、自觉实践者；要以青藏铁路精神为统领，以政治方向、舆论导向和价值取向作为标尺，通过形式多样的宣传载体使青藏铁路精神具体化、多样化、生活化，有序推进国铁企业文化建设，在潜移默化中宣传青藏铁路精神，提升广大职工的精神价值追求。

☆推动铁路高质量发展

站在全面开启建设社会主义现代化国家的历史新起点上，全面加强铁路治理体系和治理能力现代化建设，在交通强国、铁路先行的伟大实践中再创佳绩，我们重任在肩、责无旁贷。“十四五”铁路建设仍将保持较大规模，“八纵八横”高铁网加密成型。新征程上，我们要始终秉持人民铁路为人民的初心，站在引领世界高原铁路发展的高度抓好安全、经营、建设等各项工作，持续深入国铁企业改革，全面提高各方面的管理水平，始终把艰苦奋斗和科学务实统一起来，把智慧和力量凝聚起来，挑战极限，勇创一流，展现铁路人团结奋斗的进取精神和报国为民的赤子之心，勇敢担负起确保大动脉安全畅通、服务经济社会发展、服务人民群众和推动中国铁路高质量发展的神圣职责。

站在新时代的历史起点，面对新的使命要求，让我们以习近平新时代中国特色社会主义思想为引领，继续高擎“挑战极限，勇创一流”的青藏铁路精神旗帜，砥砺奋进，在实现两个一百年奋斗目标的道路上加速奔跑，在实现中国梦的伟大征程中书写更加壮丽篇章。

青藏铁路精神典型人物

★于本蕃

格尔木工务段望昆线路车间
党支部书记

于本蕃，中国共产党党员，生于1982年10月。现任格尔木工务段望昆线路车间党支部书记。2003年入路，自青藏铁路开通以来，他带领线路工在被称为“天路之巅”的唐古拉地区和玉珠峰地区，担负起青藏铁路全线海拔最高、自然条件最差、灾害最多的冻土线路的养护任务，为青藏铁路的安全运行保驾护航。

在青藏线格拉段平均海拔4800米的唐古拉和玉珠峰等地区养护线路，于本蕃每天都要工作10小时以上，坚持徒步检查测量近30公里线路来掌握格拉段冻土变化规律。为搜集到第一手资料，他强忍着晴天钢轨的灼烫和雪天钢轨的冰凉，每隔50米就俯下身子测量检查。由于高寒缺氧，一趟巡检下来，他常常累得直不起腰。在长期的检查整修工作中，他总结提炼出“看、测、析、敲、听、验”的“六标”检修工作法，并在全段推广。多年来，于本蕃与职工们同学习、同进步，并积极开展传、帮、带，使本班组整体工作效率不断提升，职工的综合素质得到全面提高。

“条件虽苦不言苦，格拉线上写忠诚”是于本蕃的座右铭。15年的坚守，15年的奉献，雪域高原砥砺着于本蕃的青春奋斗，也见证着于本蕃的青春梦想。由于工作成绩优异，于本蕃先后获得铁路青年五四奖章、全国五一劳动奖章、火车头奖章、全国劳动模范、“最美铁路人”等荣誉。

★斯朗卓玛

拉萨车站工会主席

斯朗卓玛，中国共产党党员，生于1981年。

2006年，她以优异的成绩毕业后分配到青藏集团公司拉萨车站工作，成为西藏第一代藏族铁路职工。自2006年青藏铁路通车运营以来，她用自己的行动，为拉萨站打造“高原一流车站”的形象发挥了积极作用。车站刚通车时，为了提高服务水平，作为班组长的她主动请缨，组织大学生办起了“藏英双语培训班”。在她的感召下，很多大学生都加入了“小老师”的队伍，客运车间的学习氛围日渐浓厚。针对客运服务工作特点，她总结提炼了“热情、细致、耐心、熟练”的服务理念，探索出了“每天改进一点、每天变化一点、每天进步一点、每天努力一点、每天超越一点”的工作方法，在职工内部形成了“快乐学习、激情工作”的团队精神。她组织职工采取现场观摩、模拟演示、问题探讨等形式，进行实打实、硬碰硬的强化演练，增强应急处置能力，提高了客运服务质量。

参加工作以来，她用自己辛勤的汗水换来了20余项荣誉。2008年，她被推选为第二十九届奥运会西藏地区火炬手；2009年，被评为青藏集团公司“十佳标杆班组长”；2010年，被评为青藏集团公司“十大感动人物”；2011年荣获铁道部“火车头奖章”；2012年荣获“全国五一劳动奖章”；2017被评为“践行青藏铁路精神十大人物”、全国孝老爱亲道德模范提名奖；2018年荣获“全国巾帼标兵”荣誉称号。

★张卫东

拉萨车务段拉萨西站党支部书记

张卫东，中国共产党党员，生于1972年7月。现任青藏集团公司拉萨车务段拉萨西站党支部书记。1992年，他退伍后来到青藏集团公司参加工作。2005年10月，张卫东积极响应号召，自愿报名到了拉萨西站工作，从此，他守护着拉萨西站这个助推西藏经济发展的“桥头堡”整整15年。15年来，他克服初到拉萨的条件恶劣、生活不便，积极走访货主，宣传铁路优惠政策，主动学习藏语，为货主全心全意提供帮助，并紧抓有利契机，引导色玛村村民开办村办企业“振通物流公司”，使色玛村从“贫困村”发展成了“小康村”，振通物流公司经理尼玛说道：“从‘低保户’到‘小康家’，我们的脱贫致富，与青藏铁路的带动、张卫东书记的引路是分不开的。”张卫东全心全意为货主的付出，也让张卫东成为当地货主口中的“宁也瓦”书记（贴心书记）。

张卫东在工作中是有名的“拼命三郎”，他把15年的青春、情怀、心血都融入了这片土地。2017年荣获西藏自治区“五一劳动奖章”；2018年在洞朗练兵备战铁路运输投送任务中被评为先进个人；2019年荣获青藏集团公司优秀党务工作者。

★马 云

西宁车辆段乘务车间发电车乘务员

马云，中国共产党党员，生于1966年2月。现任西宁车辆段乘务车间发电车乘务员。多年来，马云参与排除故障千余件，开展技术攻关60余项，节约资金千万余元，曾先后荣获全路首届“铁路工匠”

和“全国劳动模范”等荣誉称号。

这位大名鼎鼎的客车电气“专家”仅是初中毕业。起初，由于对车辆电工的知识掌握得不多，马云干起工作来非常吃力。面对困难，他从基础入手，持之以恒地自学相关知识，经常挑灯夜战，甚至彻夜不眠；为了熟练掌握柴油机的维修技术，他利用节假日，跑到汽车修理厂义务给别人干活，偷偷学艺。他自费进入夜大补习班，利用2年多的业余时间，学完了初、高中理科和电路基础知识。经过几年的学习，马云不仅能熟练地读图、画图，而且将各型客车的设备、电器工作原理熟记于心，练就了不到现场，通过远程描述就能准确判断电路故障的能力。

青藏铁路全线通车运营后，马云针对青藏客车提出改进建议57条，被生产厂家采用31条。从一名只有初中文化水平的工人成长为铁路工匠，在马云身上，不仅展现了当代铁路工人勇于担当的宝贵品质，更反映出崇尚知识、勇于创新的时代风貌。

主讲人：中国铁路青藏集团有限公司党校讲师　吴　婷

资料来源：中国铁路青藏集团有限公司党委宣传部

弘扬以“人民铁路为人民”为核心的伟大铁路精神

党的十八大以来，习近平总书记在多个场合、多次会议上反复强调，要牢记全心全意为人民服务的根本宗旨、坚持以人民为中心的发展思想。为人民服务、以人民为中心的发展思想，体现在中国经济社会发展的各个方面、各个环节。落实到铁路行业，集中体现为大力弘扬和始终践行以“人民铁路为人民”为核心的伟大铁路精神。

回顾中国铁路发展历程，一条长长的铁路，印刻着中国铁路人在共产党领导下忘我奋斗的坚实足迹，展示着中国铁路人为实现中华民族伟大复兴，不忘初心、砥砺前行的壮丽画卷。这幅壮丽画卷镌刻着中国铁路人的初心，留下了“人民铁路为人民”历史发展的坚实足迹。

★起源于革命战争年代

从 1876 年中国出现第一条铁路，到外国列强开始掠夺中国铁路权益，到中国民族资产阶级要求收回清政府出让给外国列强的路权和创立商办铁路公司“保中国自主之权利”，到广大人民的保路运动，再到北洋政府时期的铁路、南京国民政府时期的铁路……这一历史时期的中国铁路苦难深重、举步维艰。五四运动前后，李大钊等人为了唤醒民众，救亡图存，在长辛店铁路工厂创办了中国第一所向工人传播马克思主义的学校——长辛店劳动补习学校，建立了中国共产党领导的第一个产业工会——长辛店铁路工人会，在铁路人的心中种下了劳苦大众要团结起来、奋起抗争、当家作主的种子。

1921 年中国共产党成立。中国共产党诞生，就集中全力开展工人运动，成立了中国劳动组合书记部，专门领导工人运动。在中国共产党的领导下，中国铁路工人运动兴起。1923 年，京汉铁路工人举行震惊中外的二七大罢工，把中国共产党领导的早期工人运动推向了高潮，在中国工人运动史上书写了光辉灿烂的篇章。共产国际为此发出宣言，“中国工人阶级已经登上了世界的政治舞台”。1924 年，中华全国铁路总工会成立，成为中国共产党领导的最早的全国性产业工会。

抗日战争期间，铁路工人在党的领导下建立了铁工队、鲁南铁道游击队等多个铁路工人抗日武装队伍，积极投身抗日救亡运动，把铁道线变成了抗击日寇的最前线。解放战争期间，广大铁路工人投身于人民解放战争之中，以主人翁的姿态积极恢复生产，抢修线路和机车车辆，组织运送军火物资，开展护路斗争，保卫即将成为人民所有的铁路财产。随着抗日战争的胜利和解放战争的发展，中国共产党领导的解放区不断扩大，铁路逐步回到人民手里。1949年1月，军委铁道部成立，确定了“解放军打到哪里，铁路修到哪里，火车开到哪里”的铁路工作任务，提出了“建设一个准确、迅速、安全、经济、效率高、成本低的新型人民铁路”奋斗目标。

这是“人民铁路为人民”理论逻辑的历史起点。

★形成于社会主义建设时期

1949年毛主席为《人民铁道》报题写刊名。首任铁道部部长滕代远发表了“建设新的人民铁道”的发刊词。他这样写道：“今天铁路归人民所有，全体员工都是铁路的主人翁。国家把管理铁路的重大责任交到我们的手里，我们就必须认真负责地把人民铁路建设好。”从此，“人民铁道”这四个体现中国铁路社会主义性质的大字，就成为新中国铁路的代名词。

1949年10月1日中华人民共和国诞生，中央人民政府铁道部成立。1950年铁路路徽正式公布。路徽的上半部分为“人”字的象形，代表人民，下半部分为钢轨的横断面，代表铁道，整个图案象征人民铁路。

在热火朝天的社会主义建设中，铁路人以强烈的主人翁责任感发起了“满载、超轴、五百公里”劳动竞赛，开展了“铁牛运动”。

“毛泽东号”“铁牛号”机车奋勇争先，一大批铁路英雄模范拼搏奉献，将“人民铁路为人民”镌刻在万里铁道线上。

这一时期，铁路涌现出一大批以“人民的好车站”——新民车站为代表的模范群体和先进人物。沈阳铁路局管内的小东站，在设施设备极为简陋的条件下，实现安全生产3000天，创全路中间站的最高纪录，形成了“一点不差，差一点也不行”的小东精神。成昆铁路筑路大军以“为有牺牲多壮志，敢教日月换新天”的气魄，以2000余人生命的代价建成成昆铁路，创造了人类战胜恶劣自然环境的奇迹。1968年，南京站建站，“158”雷锋服务站第一代客运人李慧娟等客运员自发成立了“学雷锋小组”，为困难旅客提供义务服务，连续多年坚持践行雷锋精神，逐步孕育形成了“敬业爱岗甘当螺丝钉，无私奉献甘当践行者，温暖社会甘当一团火”的“158”精神。在这些先进典型的实践引领下，“一心为人民服务”在铁路人心中生根发芽。

★发展于改革开放时期

党的十一届三中全会以来，为了把“人民铁路为人民”的好传统发扬光大，铁路结合实际搞好精神文明建设，分别于1982年、1983年两次开展“人民铁路为人民”教育活动，集中对干部职工进行全心全意为人民服务思想教育。正如1982年《人民铁路为人民》这首歌所唱：“铁路工人责任重，光荣传统要记清，爱党爱国爱集体，以路为家最光荣。优质高效夺高产，安全正点保畅通，遵章守纪做表率，廉洁奉公学雷锋。顾全大局识大体，团结协作要联动，称职尽责工作好，钻研业务技术精。服务热情要周到，礼貌待人讲文明，文体活跃经常化，敢说敢管敢斗争。艰苦奋斗反浪费，坚守岗位不停工，反对歪风树正气，永远向前当先行。各项规章要牢记，条条落实见行动，人民铁路为人民，永远向前当先行。”

在改革开放的大潮中，人民群众对铁路工作的期盼越来越高，铁路职业道德建设随之被提上重要日程。1995 年，铁道部印发《人民铁路职业道德基本规范》，明确指出“人民铁路为人民”是铁路职业道德的基本原则，要以“让人民放心，让人民满意”为目标，用“人民铁路为人民”来规范铁路人的一言一行，使“人民铁路为人民”的优良传统在改革开放的新形势下得到新的传扬。

这一时期，铁路人不断书写着“人民铁路为人民”新的篇章。深处巴山腹地的铁路人，硬是靠着韧劲、干劲和闯劲接续奋斗，在极其困难的条件下把管内铁路由一条安全“担心线”变成了“放心线”；坚守在大秦线的铁路人肩负起服务国计民生发展重任，推动中国重载铁路由追赶到引领的华丽转身，每每在关键时刻立功；铁路人挑战生理极限，以惊人的毅力和勇气战胜了各种难以想象的困难，实现了一代代中国人把火车开到拉萨的梦想，用自己的心血和汗水谱写了青藏铁路这一人类铁路建设、运营史上的辉煌篇章。

2011 年，铁道部发出在全路客运窗口广泛开展“服务旅客创先争优”活动的通知，号召全路干部职工认真践行“人民铁路为人民”宗旨，自觉把“人民群众满意”的评价标准落实到服务旅客工作全过程，不断优化服务环境，改进服务态度，提高服务质量，更好地适应人民群众对铁路工作的新期待，提高人民群众对铁路工作的满意度，进一步丰富、发展了“人民铁路为人民”的内涵。

★升华于中国特色社会主义新时代

党的十八大以来，习近平总书记多次强调，人民对美好生活的向往，就是我们的奋斗目标。作为始终听党话、永远跟党走的产业大军，中国铁路始终把人民对美好生活的向往作为奋斗目标，努力增加人民群众获得感、幸福感、安全感。

中国铁路总公司成立后，铁路主动适应形势发展需求，提出了“以服务为宗旨，待旅客如亲人”的服务理念，赋予铁路服务更加人性化、亲情化的时代内涵，引导铁路人在思想上、感情上、工作上，像对待亲人一样善待旅客、服务旅客，持续丰富了“人民铁路为人民”的内涵和外延。

在这一理念的指引下，全路组织开展了“旅客满意、货主满意”主题实践活动，广大干部职工从硬件设施、人文环境等方面入手，争先恐后、创新创优，涌现一大批服务明星和服务品牌，影响和带动了铁路服务品质的提升。2014 年春运期间，全国铁路系统第一个统一命名的服务品牌——“孙奇温馨服务台”在呼和浩特铁路局各大车站亮相，以“孙奇式”的微笑服务，为旅客提供温馨舒适的服务。经南京站一代一代客运人薪火相传、发扬光大，南京站“158”雷锋服务站于 2015 年荣获第一批全国学雷锋活动示范点和全国“时代楷模”称号。

中国国家铁路集团有限公司挂牌成立后，铁路部门深入落实中央要求，认真践行以人民为中心的发展思想，扎实推进供给侧结构性改革，集中力量推行客运提质计划、开展货运增量行动、实施复兴号品牌战略，升华了“人民铁路为人民”的内涵。

在习近平新时代中国特色社会主义思想指引下，铁路以奋斗者的姿态开启新征程，构建快速舒适的客运服务体系、集约高效的货运物流体系，构建辐射“一带一路”的铁路国际大通道，统筹做好建设扶贫、运输扶贫和定点扶贫，在抗洪抢险救灾、抗击疫情等任务中发挥中国铁路的中流砥柱作用。从强力补短板，到促进西部大开发、中部崛起、东北振兴，促进京津冀协同发展、助力长江经济带发展，从坚决调结构，到打好三大攻坚战，实现“六稳六保”，铁路充分发挥了综合交通运输体系的骨干作用。

“四纵四横”高铁网提前建成，“八纵八横”高铁网加快成型，复兴号开行范围越来越大，电子客票、移动支付、无感进站等便民措施越来越多……中国高铁改变时空，让流动的中国充满繁荣发展的活力。历史证明，以“人民铁路为人民”为核心的伟大铁路精神，就是以人民为中心发展思想在铁路的生动体现。

回望历史，立足当下，展望未来，我们深刻感到，坚定不移听党话、跟党走是铁路精神的底色，“人民铁路为人民”是铁路精神的核心，是铁路人始终不变的初心。“人民铁路为人民”是在中国共产党领导下中国铁路百年历史实践中逐步形成发展起来的，是历代铁路人在革命、建设、改革和新时代实践中接力传承形成的精神文化积淀，是中国共产党“不忘初心、牢记使命”奋斗历程的精彩缩影，是中国共产党精神谱系中不可或缺的重要组成部分，生动诠释了铁路对党和人民的绝对忠诚。

习近平总书记说：“一个时代有一个时代的主题，一代人有一代人的使命。”中国特色社会主义进入新时代，中国铁路正奋勇担当交通强国、铁路先行历史使命，大力弘扬和践行以“人民铁路为人民”为核心的伟大铁路精神，努力在新时代展示新气象新作为。